广西民族医药文化与康养旅游融合发展研究

GUANGXI MINZU YIYAO WENHUA YU KANGYANG LVYOU RONGHE FAZHAN YANJIU

◎刘里琳 著

- 广西高校人文社会科学重点研究基地“民族地区文化建设与社会治理研究中心”基金资助(项目编号：2023YJJD0010)
- 广西普通本科高校示范性现代产业学院基金资助(项目编号：2023QXDCY001)
- 广西高校人文社科重点研究基地重大项目(项目编号：2018YJJD0001)
- 玉林师范学院高层次人才项目研究成果(项目编号：G2021SK04)

中医古籍出版社
Publishing House of Ancient Chinese Medical Books

图书在版编目（CIP）数据

广西民族医药文化与康养旅游融合发展研究 / 刘里琳著．—北京：中医古籍出版社，2023.7

ISBN 978-7-5152-2706-1

Ⅰ．①广… Ⅱ．①刘… Ⅲ．①中国医药学—旅游业发展—研究—广西 Ⅳ．① F592.767

中国国家版本馆 CIP 数据核字（2023）第 126917 号

广西民族医药文化与康养旅游融合发展研究

刘里琳　著

责任编辑　吴　頔

封面设计　石国炜

出版发行　中医古籍出版社

地　　址　北京市东城区东直门内南小街 16 号（100700）

电　　话　010-64089446（总编室）010-64002949（发行部）

网　　址　www.zhongyiguji.com.cn

印　　刷　北京市泰锐印刷有限责任公司

开　　本　710 mm × 1000 mm　1/16

印　　张　14.75

字　　数　186 千字

版　　次　2023 年 7 月第 1 版　2023 年 7 月第 1 次印刷

书　　号　ISBN 978-7-5152-2706-1

定　　价　59.00 元

目　录

第一篇　广西民族医药文化研究

第二篇　康养旅游研究

第三篇　广西民族医药文化与康养旅游融合发展

第一篇

广西民族医药文化研究

第一章　广西壮族医药文化

广西民族医药文化具有深厚的文化底蕴以及鲜明的民族特色。壮医的“阴阳为本”论与“三气同步”论，瑶医的“三元和谐”论，苗医的“天人合一”论，侗医的“天地气水人五位一体”论，毛南医的“环境养生、运动强身、生活食疗、精神调节、饮茶调节”论，京医的阴阳理论等均注重人、自然和社会的和谐统一，具有较强的保护传承价值。本书不能一一概述，特选取有代表性的壮族医药、瑶族医药和苗族医药来论述。

壮族医药是壮族人民在长期的生产、生活实践中，在同疾病作斗争的过程中，积累出来的宝贵医疗经验，是经过提炼、升华而逐渐形成的独特的理论体系。受壮族先民聚居地的独特自然环境、气候条件及当地特殊的文化、民俗等因素的影响，壮族医药具有明显的民族和地方特色。因此，与其他民族医药相比较，壮族医药有自己独到的见解，鲜明的特色，在我国传统医药中占有非常重要的地位。

壮族医药民俗是壮族先民为维护本民族人民的身体健康和世代繁衍，在长期的生产实践和社会生活中逐渐形成并世代相传的一种医药或者与医药有关的风俗。壮族医药与壮族地区的民俗，特别是医药民俗有密切的关系。“信鬼神、重淫祀”是古代壮族医药“巫医合一”或“医巫并存”的根源，此外，壮族民间的喜食素淡、糯米、药膳习俗以及佩药、鼻饮、熏烟、熏蒸、净水等习俗，均与壮族医药有关。但历史上很长一段时间内，壮族未能形成自己规范、统一的文字，因此，壮族医药不能像其他一些兄弟民族医药一样，给后人留下丰富的民族医药文献。它们更多的是以民俗传承的方式，在民间口耳相传而保留下来。

第一节　广西壮族医药文化认知

壮族医药文化中蕴含着天人合一、形神合一的自然观，预防、诊断、治疗三位一体的防治疾病观等丰富的哲学思想和文化内涵。近年来，国家对各民族非物质文化遗产加大了保护力度，2006 年壮族医药首次被列为广西壮族自治区非物质文化遗产保护名录，2011 年在国务院公布的第三批国家级非物质文化遗产保护名录中壮族医药的线点灸疗法名列其中。此外，与壮族医药有关的靖西壮族端午药市民俗被列为广西壮族自治区非物质文化遗产保护名录。与现代医学相比，壮族医药是从另外一个角度、另一个窗口去窥视人体的奥秘，通过调动自然的力量和人体的内在机制去祛除疾病、恢复健康，从而保证壮族人民的世代繁衍。壮族医药不仅是一种适宜实用的医药资源，还是一种特殊的文化形态，一种在漫长岁月中壮族先民在生产生活实践里得来的生存经验和智慧结晶，是属于全人类的文化遗产。

《广西中医药壮瑶医药健康服务发展规划（2016—2020 年）》提出了中医药壮瑶医药文化和健康旅游发展重点项目，包括了如下具体指导措施。第一，中医药壮瑶医药文化发展重点项目。加强自治区级、市级和县级中医院壮瑶医院以及中医药壮瑶医药研究机构的文化建设。依托现有公园设施，打造融健康养生知识普及、养生保健体验、健康娱乐于一体的中医药壮瑶医药文化主题园区。依托博物馆、文化活动中心等，建设自治区、市、县三级中医药壮瑶医药文化宣传教育示范基地。推动各地园博园建设注入中医药壮瑶医药文化元素。依托广西国际壮医医院，建设壮医药博物馆。第二，中医药壮瑶医药健康旅游发展点项目。依托巴马等25个“长寿之乡”建设，创建5个国家级中医药壮瑶医药长寿健康旅游示范区。依托盘阳河流域长寿带、西江千里绿色生态走廊、广西北部湾经济区养生休闲产业等区域优势，形成一批与中药科技农业、名贵中药材种植、田园风情生态休闲旅游结合的养生体验和观赏基地。重点推进玉林中国南药园、广西药用植物园AAAAA级景区建设、玉林“南方药都”、靖西“八桂药谷”等项目建设。以中国—东盟卫生合作论坛框架下的中国—东盟传统医药高峰论坛、中国（玉林）中医药博览会、巴马论坛中国—东盟传统医药健康旅游国际论坛为主要平台，依托桂林崇华中医街、靖西端午药市等地方中医药传统节庆，培育和壮大广西中医药旅游会展节庆业。

一、壮族医药民俗的历史记忆

神话传说和民间传说是古代人们在生产劳动及日常生活中，由于对一些自然界现象不了解，而对这些现象作出的猜想。神话传说和民间传说来自民间，为人民所创作，是中国文学宝库中的一枝奇葩。它们对历代的文学家和文学创作影响很大，并为后世文人的创作提供了丰富的题材。不仅如此，神话还具有丰富的美学价值与历史价值，与远古的生活和历史有密切关系，是研究人类早期社会的婚姻家庭制度、原始宗教、风俗习惯等重要的文献资料。

（一）有关壮族医药的神话与民间传说

历史上，壮族先民多居住于高山峻岭、江河密布、草木茂密、毒虫猛兽出没无常之地，气候既是乍寒乍热，又是多雨多湿，是著名的“瘴疠之乡”。跌仆损伤、毒邪相侵的情况时有发生。壮族先民就是在这种长期与疾病作斗争的过程中，发现了大量有效的药物，总结出了许多防病、治病的方法，从而维系了本民族生命健康和世代繁衍。

有关壮医的起源，壮乡中有许多相关的传说，其中的两个传说一直是壮族人民口耳相传、津津乐道的。一个是“爷奇斗瘟神——靖西壮乡药市的传说”，另一个是“神医三界公的传说”，这两个传说证明了壮族医药已有悠久的历史。

1. 爷奇斗瘟神——靖西壮乡药市的传说

在广西西南边陲的靖西，流传着一种非常具有壮族特色的药市习俗。每年农历五月初五，该县壮族药农和壮族群众，纷纷将自采的各种草药拿到县城摆摊出售。在药市上摆出的药材品种多达数百种，赶药市者多达万人。关于药市的起源，民间流传着一则动人的传说。

相传古时候的每年农历五月初五，瘟神——“都宜”（壮语，即千年蛇精）就来到人间肆虐，凡是有人居住的地方都被它喷射毒气、散播瘟疫，一家一户甚至一村一寨都奈何不了它，其所到之处，怨声载道，民不聊生。爷奇是一位医术高超的老壮医，他观察“都宜”的恶行后，发现它特别害怕艾叶、雄黄、七叶一枝花和半边莲等草药，于是就教会人们采集这些草药防止“都宜”的袭击，但是，由于各村寨所采集的草药丰俭不一，甚至有的村寨采集不到这些草药，为了壮乡人民免受“都宜”的毒害，爷奇建议大家在端午节时把家中的草药都摆到街上来，一则可以互通有无，共同防御“都宜”，二则可交流防病治病经验，从此，壮乡人民不再受到“都宜”的毒害，药市的习俗也因此流传了下来[1]。

[1] 农建萍 . 广西壮族医药档案及其价值研究 [D]. 南宁：广西民族大学，2010.

靖西药市到底起源于何时，现在尚无比较明确的文献记载，但是从当地有关“爷奇斗瘟神——靖西壮乡药市的传说”来看，至少能说明靖西壮族药市形成的年代非常久远。

2. 神医三界公的传说

在广西来宾市忻城县，还流传着“神医三界公的传说”。

传说古代壮乡有一位神医，人称三界公。他家境贫寒，可心地善良，乐于助人。有一次三界公在梦中得仙人指点，要他去攀登高耸入云的须眉山，接受八仙赠送的宝物。三界公遵照梦中仙人的话，即刻出发，一路上，三界公不贪横财、不畏险阻，勇斗猛虎和大蟒，得到了能治百病的五彩如意带、须眉棒和能逢凶化吉、起死回生的金字天书，有了这些宝物，从此三界公便成为壮乡的神医。他每天使用这三件宝物，走街串巷为人治病，不管恶疔毒疮、骨折筋断，还是其他的疑难杂症，三界公总能轻松治愈，三界公因此很快就远近闻名。当地的土司老爷得知三界公有如此好的法宝，并知晓三界公天天为百姓治病，深得民心，十分担心他篡权，便以谋反罪陷害三界公。三界公得知后，利用三件宝贝化险为夷，继续治病救人，并平定了流行的瘟疫，挽救了许多百姓的性命。皇帝念三界公治病有功，欲封他为国师，但他不图名利，辞去了皇帝所封官职，带着三件法宝，又回到壮乡，一辈子救死扶伤，惠泽壮乡，百岁时无疾而终，被八仙超度而去[1]。

壮乡为纪念三界公恩德，为其立庙，从此香火不绝，民众祈求三界公保佑，除病消灾，福寿双全。

除了“爷奇斗瘟神”“神医三界公”这两个传说之外，比较著名的还有像“墨蛇与银蛇”、壮族“三七”来源等传说。在现存广西各地县志史料中，也有许多关

[1] 农建萍 . 广西壮族医药档案及其价值研究 [D]. 南宁：广西民族大学，2010.

于壮族医药的神话传说。罗秀、张道陵和葛洪炼丹的传说在《南宁府志》以及《钟山县志》中均有记载，这说明了壮族医药在历史上是存在的。“阁山，山麓有洞，中一孔圆如镜，古传龙入化骨，村人入洞取泥，往往得其骨，卖之药铺”[1]。这是《武源县志》关于龙骨传说的记载，“卖之药铺”，则印证了壮族医药的客观存在。古代壮族地区多雨多湿，是气候恶劣的“瘴疠之乡”，亦有“蛊毒之乡”的称号，多发蛊病。因此，在广西壮族地区，有关“蛊毒”的记载很多，在各地方志以及《桂海虞衡志》《岭外代答》《赤雅》等文献中均有记载。《浔州府志》《宁明州志》和《兴安县志》中有关于“壮妇蓄蛊”“蛊药种类”和“验蛊”之说，神秘色彩浓厚。“凡中蛊者，颜色反美于常，天姬望之而笑。必须叩头乞药，出一丸啖之，立吐奇怪：或人头蛇身，或八足立翼，如蝌斗子，斩之不断，焚之不燃……”这是《赤雅》中有关天姬破蛊的传说，更是具有非常神秘的神话色彩[1]。

神话传说“深刻地体现着一个民族早期的文化，并在以后的历史进程中，积淀在民族精神的底层，转变为一种集体的无意识，深刻地影响和左右着文化整体的全部发展”[2]。壮族先民通过神话故事、民间传说口头传授壮族医药知识和资料，这些神话故事、民间传说世代相传，一直流传至今，在一定程度上保留了对医疗保健知识的族群记忆[3]。

（二）考古资料、古代文献记载中的壮族医药民俗历史印记

历史上，壮族在很长的一段时间内没有形成统一的文字，父子相传、师徒相授等口传相授方式是壮族医药及其医药民俗传承的最主要方式。但即便如此，在古往今来的众多历史文献及考古资料中，还是可以查询到与壮族医药有关的大量

[1] 邝露．赤雅 [C]// 鲍延博辑．知不足斋丛书（二）．东京：中文出版社，1980.

[2] 何新．艺术现象的符号：文化学阐释 [M]. 北京：人民文学出版社，1987 :85.

[3] 罗婕．壮医药口碑文化概览 [J]. 中国民族医药杂志，2008(9)：62-64.

文献和资料，通过这些具有影响力和代表性的文献资料可以证明，壮族医药在历史上的客观存在以及它在维系壮族先民的生命健康、保证壮族人民的世代繁衍中起到的重要作用。

1. 考古资料中的壮族医药民俗历史印记

从考古工作者发掘的文物可以说明，壮族先民在石器时代已有了医药的萌芽和初级的医疗活动，当时，壮族还没有形成本民族的规范化文字，壮族医药的用药经验都是依靠口耳相传的方式得以流传，是早期的口碑档案，而治疗之用的医疗工具，则在实物上印证了广西壮族医药的客观存在[1]。考古工作者通过考察广西柳州一带旧石器时代的“柳江人”“膜麟山人”遗址，南宁新石器时代的“贝石遗址”，发现了供医疗用的砭石、陶针、骨针。由此可见，壮族先民在很早的时代就学会制造简单的医疗工具。在武鸣西周末年的古墓中，出土了两枚青铜浅刺针，经考证，这两枚青铜浅刺针与古人对“微针”的描述一致，是两枚浅刺用的医疗用针[2]。此外，在长沙马王堆汉墓和广西贵县罗泊湾汉墓中整理发掘的古医籍和植物标本中，都有壮族地区药物的存在。

2. 历史文献中的壮族医药民俗历史印记

壮族医药是客观存在的。但有人认为，壮族医药没有像中医《黄帝内经》、藏医《四部医典》那样的经典著作，也没有系统的文献史料，以此来否认壮医的存在。但实际上壮族医药除了以口耳相传方式流传之外，在历代古籍、资料中也不乏有关壮族医药及其医药民俗的详细记载。《素问·异法方宜论》中有：“南方者，天地所长养，阳之所盛处也。其地下，水土弱，雾露之所聚也，其民嗜酸而食胕，故

[1] 农建萍．广西壮医药档案及其价值研究 [D]. 南宁：广西民族大学，2010.

[2] 李溱．壮医药发展史初探 [J]. 医学文选，2002(1)：80-81.

其民皆致理而赤色，其病挛痹，其治宜微针。故九针者，亦从南方来。”这是关于壮族针刺疗法来源在汉族中医经典著作中的直接记载。虽然，这里的“南方”不一定是专指壮族地区，但至少是包括现在所讲的壮族地区。在广西田东县，自古就有壮人善用三七治疗跌打外伤的经验，至今当地还流传“壮医绝技，秦和惊奇之语”的说法[1]。此外，唐代陈藏器在《本草拾遗》中有壮族地区陈家白药、甘家白药的记载。这两种白药是壮族陈家、甘家制作的特效解毒药，在当地名气很大，深受欢迎。陈家白药在《岭表录异》中亦有记载，“陈家白药善解毒，诸经皆不及之，救人甚多……文府每岁上贡”，这说明陈家白药在当时可谓盛极一时，是作为“贡品”上贡给朝廷的。20 世纪 80 年代，由 200 多人组成的田野调查组，历时 6 年，进行民族医药的普查工作，从数百本地方志和其他有关汉文资料中，汇集了大量记载壮族医药的文献资料，收集了壮族医药验方秘方 11 000 条，获得壮族医药文献和手抄本 196 本，为壮族医药留下了弥足珍贵的资料[2]。

此外，由于壮族先民所居住的特殊环境，壮医对瘴毒、蛊疹有着清晰的记载和认识。“岭南地区自夏至秋，暑气炎蒸，燥热燔灼，淫雨连绵，致使草木腐败，虫蛇死亡，沟渠污垢等酿成秽浊之痴气”，在这种环境下，易使人气血阻滞而发瘾症，可见疾病的发生与气候环境所致的空气秽浊有关。隋代巢元方《诸病源候论》指出，瘴气是由“杂毒因暖而生”“皆由山溪源岭瘴湿毒气故也”。《岭外代答》则指出，瘴气是由地产毒药污染水源所致。因此，这里一直被人们视为“瘴疠之地”。南宋范成大在《桂海虞衡志》称：“两江（指左、右江）水土尤恶，一岁无时无瘴：春曰青草瘴；夏曰黄梅瘴；六七月曰新禾瘴；八九月曰黄茅瘴。土人以黄茅瘴为尤

[1] 何新．艺术现象的符号：文化学阐释 [M].1 版．北京：人民文学出版社，1987 :85.

[2] 刘强，林江．广西中医药（含壮医药）产业发展考察 [J]. 广西中医学院学报，2008,11(4)：94–98.

毒。”两江流域是壮族聚居之地，虽然范成大不是壮医，但他在广西为官多年，较为了解当地风土民情，其内容是具有参考价值的。所称“土人”，当是指民间壮医。这时的壮医，已经懂得按发病季节对瘴疾进行分类，并从实践中总结出，发作于八九月的黄茅瘴，病情最重。这与“青草黄茅瘴，不死成和尚”的壮族地区民谚说法是一致的。对于蛊毒、痧症、瘿瘤等病症，民间壮医分类也甚详。

二、壮族医药民俗

（一）饮食中的壮族医药民俗

民以食为天，饮食是人类生存的根本，在人们的生活中占有十分重要的位置。饮食民俗是指本民族在食事活动中所积久形成与传承不息的风俗习惯，亦称“食俗”。它是一个民族在历史发展过程中长期积淀起来的，具有本民族明显的特色。一方面，它反映在人们的日常生活之中，以满足人们的生理需要；另一方面，它体现在节日和民俗礼仪上，以满足社会交往和发展的需要。因此，饮食是人类生存发展所必须具备的基本物质条件。壮族是一个典型的稻作民族，其饮食文化源远流长，壮族饮食有很多特点，早在明代，邝露在《赤雅》（上卷）中就对明代广西壮族极具特色的饮食民俗做了较为详细的记载。此外，在一些壮族的地方志中也详细记录了广西壮族的独具特色的饮食民俗，如喜食素淡、糯米、药膳以及酸辣之物等。这些饮食民俗与医药保健有着密切的关系，并对壮族医药的形成与发展起到较大的促进作用[1]。

1. 喜食素淡之俗

壮族饮食习俗的第一个特点是喜食素淡之物，不特别讲究味道的厚重。主食

[1] 王柏灿．壮族饮食文化与壮医药 [J]. 中国民族民间医药杂志，2004，13(5)：253–254.

以稻米、玉米为主，辅以红薯、木薯、豆类等杂粮。《上林县志》（十六卷）中记载“乡民起居饮食甚是节俭。黎明即起，啜薄粥一碗便出外工作，上午十时回舍朝食，午飧仍粥，下午六时乃食晚饭，饮食均极素淡”，《宾阳县志》（八编）中记载“县民起居饮食，多崇节俭，亦能讲究卫生。每日之中，早起夜眠，日出而作，日入而息。寅卯起身，盥洗啜早粥后即开始工作。上午十时、十一时食午膳，均啜粥……普通所食者为米煮之粥、饭，辅以蔬肴，饮者为茶水”，《新宁州志》（六卷）中记载“民间朝夕充饥，不离薯芋及大粟小粟诸种。殷实之家，每日二粥一饭，余则日啜稠粥。至六、七都等处，民尤耐苦，每日只吃稀，清可照人”。除此之外，《雷平县志》《宜北县志》《罗城县志》等均有关于壮族“喜食素淡之物”习俗的记载[1]。

地处广西西北山区的巴马瑶族自治县，因百岁老人多而闻名于世，成为世界著名的长寿之乡。蓝毓营、曹云[2]在研究巴马老人长寿现象时发现，巴马老人有着合理的饮食结构，其主食以巴马的特产——珍珠黄玉米为主，喝用这种玉米煮成的粥，营养非常丰富。此外，巴马长寿老人饮食还有一个特点，就是副食比较少，对于肉类的消费不多，常吃的油包括火麻仁油、山茶油、大豆油等，这些植物油含有大量维生素 B、E，不饱和脂肪酸的含量也很高。

2. 喜食糯米之俗

壮族人爱将糯米加工成各种各样的食物，《罗城县志》（十二卷）中有“黏米糍粑糯米粽，各人老公各人疼”的俗语记载。民间壮医认为，糯米味甘、性温，入脾、胃、肺经，具有补中益气、健脾养胃、止虚汗之功效。糯米食物宜煮稀薄粥服食，不仅营养滋补，且极易消化吸收，滋养胃气。在众多糯米加工的食物中，糯米粽子

[1] 丁世良 . 中国民俗志民俗资料汇编 · 中南卷（下）[M]. 北京：北京图书馆出版社，1991:887-901.

[2] 蓝毓营，曹云 . 巴马长寿现象与壮医预防医学 [J]. 中国民族民间医药，2009，18(6)：35-36.

以及五色糯米饭更是独具壮族民族特色。

1)糯米粽子

糯米粽子是壮族备受重视的传统食品之一,壮族人逢年过节、筹办喜事必包粽子。有关壮族糯米粽子的来历,根据广西宁明县当地壮族传说,这是为纪念白母娘(蛟龙图腾,白母娘是壮族的雌性水神)。宁明人祖传的端阳节歌唱道:“划船恭敬白母娘,鞭炮地炮响连天。”这更加明显地说明五月初五,宁明人用糯米做的粽子是为了祭祀白母娘,而对于纪念屈原之说则是后来受到汉族的影响。

糯米粽子在壮族地区备受欢迎,无论是在岁时民俗还是在传统喜事中,糯米粽子都是不可缺少之物。《同正县志》(十卷)岁时民俗中记载,“初一日子时以后,各家即起焚香烧烛,供奉果品……所作节物,以肉粽、糕饼、米花为不可少”“五月初五日为端阳节,各家多包凉粽、角黍,而拌以蜜糖或白糖,肉粽亦间包之”,《浔州府志》(三十八卷)中记载“‘元旦’贺朔款客,以糖糕、肉粽、油粿为小食……”,这些都是有关岁时民俗中食用糯米粽子的记载。此外,《宾阳县志》(八篇)中记载“凡初生子,送米粽或红蛋于亲邻,外家得讯,即备糯米送来。三朝或半月,请外家及其亲眷来饮酒。外家及亲眷来时,各备阉鸡、鸡蛋、白糖、柿饼,外家并备甜酒一埕,及小儿衣帽、银制寿星、八仙、手钏等仪,以为贺富。而艰于子嗣者,或兼请朋友来宴,谓之‘做半月’。妇人生子后,弥月回外家,谓之‘出月’;外家又备糯米饭或米粉并小鸡一对送回。以后所生之子,在半月、弥月,外家虽亦具备礼物,但不如初生子之隆”。展现了壮族生子后送米粽、备糯米的习俗。

2）五色糯米饭

五色糯米饭是用红兰草、黄花、枫叶、紫番藤的根茎或花叶捣烂，取汁分别浸泡糯米，蒸熟而成[1]，其色分别呈红、黄、黑、紫、白诸色。人们常将五色饭捏成饭团，不同颜色的饭团陈列在一起，鲜艳夺目。彩色饭的色彩原料，不仅起着色的作用，也起到调味的作用，不同的色饭有不同的香味，而且食用五色糯米饭可以行气健胃、顺气润肺。五色糯米饭是壮族传统的有名美食，民间还有关于它的几则动人传说：

传说，有个才智超群的壮人叫韦特桂，是土皇帝手下之臣。一年天气大旱，百姓生活十分艰苦，为了解除百姓的疾苦，他奏请土皇帝亲自前往受灾的壮乡视察，并用计使土皇帝免去灾区一年的皇粮。后来，土皇帝发觉上了当，就视特桂为眼中钉，下令捉拿他。壮乡百姓得知消息，连夜将特桂送上山躲藏。皇兵捉拿不着，就下令放火烧山。皇兵走后，壮乡百姓在一棵大枫树洞里找到特桂的尸体，就含泪将他葬在枫树旁，那天正是农历的三月初三。为了纪念特桂，以后每年的三月初三，壮人就用枫叶等植物汁液将糯米染成红、黄、紫、黑等颜色，蒸熟后拿到山上祭祀他。

民间关于五色糯米饭的记载很多，如《上林县志》（十六卷）岁时民俗中记载“自清明至谷雨，割据牲醴、五色糯饭上山扫墓”，《柳州府志》（四十卷）岁时民俗中记载“四月八日，煮乌米饭，耙田插禾”，《宾阳县志》（八编）岁时民俗中记载“四月初八日，炊黑米饭食，俗以食之可以辟疫”，《宜北县志》（八编）岁时民俗中记载：“初八日为乌饭节。家家采取枫叶……煮出污水，以之染米，尽变乌色，煮熟以供家神。”这些记载都可以表明，五色糯米饭在壮族地区十分受欢迎。

---

[1] 徐海荣 . 中国饮食史 (卷六)[M]. 北京 : 华夏出版社，1999.

3）其他糯米制品

据《宁明州志》记载有县内邓崇医生用糯米汤圆治愈久疟案例，壮族民间验方也有每晚吃一个糯米团治疗夜尿多的做法。此外，在桂平、靖西、德保等地用黑糯米酿成甜酒，具有补中益气的功效。药补不如食补，在此得到了充分体现。

3. 喜食药膳之俗

瓯骆人是壮族的祖先。药膳的形成和发展继承了瓯骆人的饮食文化。从岭南各地古遗址出土众多的鱼类和各类动物的牙齿、骨骼证实，瓯骆人有喜食水产、山珍的习俗。如今，壮族人还保持着这些习俗，而且还将其烹调、加工制成强身的药膳以供食用。如平时耳熟能详的“龙虎斗”“龙凤会”“三蛇酒”“蛤蚧酒”“鱼生”“狗扣”“粉蒸肉”“油炸蚕蛹”“蜂蛹”“蝎子”“蚂蚁”“清补凉炖老鼠”等是壮族的传统药膳[1]。在明代邝露的《赤雅》(上卷)中，记载了这些具有鲜明壮族特色的地方药膳美食。“山间得大蚁卵如蚌（一本作斗）者，用以为酱，甚贵之”（《赤雅·蚳醢》)，其中“蚳醢”就是蚁子酱，用蚁卵所做的酱，是一种食品。在今天的南方少数民族地区，食蚁习俗依然存在。“在广西的田阳县，壮族人喜欢用蚂蚁炒苦瓜丝、蚂蚁炒瓜苗，做成风味独特的佳肴，此外当地人还将蚂蚁卵卤为酱作为长食之物，再有将炒蚁卵和蚁蛹研制成特殊的调料，作为食用米粉时的调料。”[2]《赤雅》（上卷）中还记载了广西壮族人食用“蜜唧”的习俗，“取鼠胎未瞬未毳、通身赤蠕者，淹以蜜房，饤之盘上，躡躡而行，夹而啮之，唧然有声”。宋代《太平广记·蛮夷》亦有记载，其文大同小异：“岭南僚民好为蜜唧，即鼠胎未瞬，

[1] 黄冬玲．浅谈壮医药膳的特色[J]. 中国民族医药杂志，2001(01)：23-24.

[2] 尹乐．《赤雅》与明代广西民俗[D]. 南宁：广西民族大学，2010.

通身赤蠕者，饲之以蜜，钉之筵上，嗫嗫而行。以筋挟取，咬之，唧唧作声，故曰蜜唧。"[1] "蜜唧"，是找来一些刚生下来的小老鼠，趁它们未长鼠毛，浑身红通通的时候，用蜂蜜养上数日，然后再裹上蜜用细竹签钉在竹盘上，让贵客拿筷子夹着吃掉。据药书记载，鼠肉具有强身补肾之功效。壮族民间则流传有"一鼠顶三鸡"之说，现在在壮族地区，人们已经很少直接食用"蜜唧"，改之以用幼鼠泡酒喝，其效良好，可用于滋补身体。

南宋范成大《桂海虞衡志・志虫鱼》中有广西壮族先民以蚺蛇胆、蚺蛇肉为药和使用的记载，"蚺蛇，大者如柱，长称，其胆入药。南人腊其皮，刮去鳞，以鞔鼓。蛇常出逐鹿食，寨兵善捕之……一村饱其肉"。《图经本草・蚺蛇胆》中也有岭南"土人多食其肉"的记载。这些食疗主治和"一村饱其肉"的习惯与今日壮族的治疗范围及饮食习惯相一致。壮族民间流传有生饮蛇血治风湿的经验。《罗城县志》载有山獭"煮食美味极浓厚，性温补"。

现在壮族民间还保留着"将白米缝入猪膀胱清炖"治疗小儿遗尿症；以山羊肉、麻雀肉、鲜嫩的益母草、黑豆相互配合作饮食治疗，可以防治妇女不孕[2]；黑豆煲猪脚治疗少女崩漏[3]；常用黑豆炖乌鸡助妇人产后恢复身体；白米、天麻煲猪脑治疗头晕；糯米煲猪龙骨治疗营养性水肿；"白果炖老鸭""桂花白果羹""罗汉果煲猪肺"不但美味可口，且具有润肺化痰之功[4]；猪肉或老母鸭、水鸭、鹧鸪肉煲莲藕可以防治阴伤干咳；以蛤蚧、乌龟、蛇、麻雀等为原料炖汤或者泡酒，常年服

[1] 太平广记・蛮夷四 [M]. 北京：中华书局，1961：3983.

[2] 庞宇舟 . 壮医药卫生习俗述略 [J]. 中国民族民间医药，2008(3)：3–5.

[3] 何子强 . 试析壮医饮食疗法的营养观 [J]. 中国民间医药杂志，1996，21：4–6.

[4] 李琼，李彤 . 壮族养生习俗初探 [J]. 中国民族医药杂志，1998(2)：41–42.

用可以增进体力和精力，适合年老体虚之人食用，每每奏效[1]。

总之，不仅是在古代，人们常用药膳来防病治病，强身健体，益寿延年，就是在科学发达的今天，壮族人民依然喜欢食用药膳。近年来，在广西壮族自治区又推出了许多极具民族特色的药膳，深受人们的喜爱。

（二）壮族医药民俗

古代岭南地区草密林茂，多瘴气，素有"岭南多毒"之说，当地人在与疾病作斗争的过程中积累了一定的医药知识，进而形成了灿烂的少数民族医药文化。人们总结出了许多治疗痧、瘴、毒等病症的方法，发现了大量有效的药物，尤其是动物药、毒药和解毒药。这种医药民俗在广大壮族地区广泛流传，千百年来，这种习俗对于维系壮族地区百姓生命健康和世代繁衍起到了十分重要的作用。而传承这些壮族医药习俗的，除了一般的壮族百姓之外，起主要作用的还有那些一直服务在百姓之间的民间医生（即民间土医），他们将这些医药习俗运用到了极致，时至今日，民间医生依然活跃在这些地区，是人们健康医疗的重要补充。民间医生在这些地区具有十分重要的作用与地位，素有活菩萨之誉。《武鸣县志》中关于民间医生有如下记载，"周景媛，乐昌桥甘村人，精通针术……有一妇人，产难已殓，用银针刺腹中，母复生，子亦保存……当时有活菩萨之誉"。足见其在当地的作用和地位。

1．房中药习俗

有关壮族医药中的房中药记载，历代的本草以及地方志中均有收录，其中较为常用的有蛤蚧、山獭骨（插翅春）、龙盐等，它们在《海药本草》《海槎录》以及《赤雅》中有较为翔实的记载。

[1] 邓家刚，蓝毓营．壮医养生的理论与实践初探 [J]. 辽宁中医药大学学报，2009,5(11):157-158.

对于蛤蚧的用法，唐代李殉在《海药本草》中记述‘狸人采之豁腹，以竹张开，曝干鬻之”。掌禹锡在《嘉祐本草》中记述“按《岭表录异》云：狸人采育，云治肺疾’”。顾玠的《海搓录》云“广西横州多蛤蚧。乃用熟稿草细缠，蒸过曝干售之，炼为房中之药甚效”。说明蛤蚧不但产于广西而且壮族先民很早就已懂得用它来治肺肾等疾病[1]。

壮族先民很早就懂得房中药山獭骨的采集和使用，并深谙其药效。明代邝露《赤雅·插翅春》中记载“山獭骨……用为丸，胜海狗肾。一枝一金，私货出界者斩。山獭性最淫，凡物皆交，交至一二日不休。有獭，则诸牝悉避。獭无偶，獠女采药歌啸，獭闻气，即跃抱其身，遂扼杀之。验之法，令妇人擦手一呵，取至掌心，骨喜跳舞。否则，鼠噗猴胎之赝耳”。山獭骨在当地称为插翅春，邝露在其中介绍了壮人将山獭骨作为壮阳药使用。

此外，龙盐是比插翅春更甚的壮阳药，又称吉吊、紫梢花，传说乃龙精液生成。《赤雅·龙盐》中有“龙盐，龙生三卵，一曰吉吊，上岸与鹿交，精遗草木，结成蒲桃，号曰紫梢花。美人采之，用于帏箔，胜插翅春矣”的记载。

2. 治瘴习俗

广西地区地处亚热带，自夏至秋，暑气炎蒸，燥热燔灼，阴雨连绵，草木腐败，易成瘴气，在古代是气候恶劣的“瘴疠之乡”。有关瘴气的成因，隋代巢元方《诸病源候论》认为瘴气是由“杂毒因暖而生”及“皆由山溪源岭瘴湿毒气故也”[2]。《岭外代答》中指出，瘴气的产生与当地地产毒药污染水源有关。《桂海虞衡志》则指出：“瘴者，山岚水毒与草莽、沴气郁勃蒸熏之所为也。”关于瘴气

---

[1] 何子强，唐丽蓉．壮医药文献拾萃 [J]. 中医文献杂志，1995(03)：11-13.

[2] 巢元方．诸病源候论·卷 10[M]. 北京：人民卫生出版社，2009：157.

的危害,《后汉书·马援列传》中记载:“出征交趾,士多瘴气,军吏经瘴疫死者十四五。”可见岭南瘴气之重。此外,瘴气在古代整个广西地区蔓延非常广,《桂海虞衡志》也有相关记载:“瘴,二广惟桂林无之,自是而南皆瘴乡矣。”足见瘴气范围之广。

明代邝露在其著作《赤雅》中,对瘴气使用了很大的篇幅,不但介绍了瘴气,而且对治瘴的方法也进行了详细的记载。

瘴起时,望之有气一道,上冲如柱,少顷散漫,下似黄雾,空中如弹丸,渐大如车轮,四下掷人,中之者为痞闷,为疯痖为汗死。人若伏地从其自掷则无恙(《赤雅·瘴母》)。

春曰青草、夏曰黄梅、秋曰新禾、冬曰黄茅。皆乘草木蓊勃,日气歊歘所成,而青草、黄茅最为毒烈。春夏之交,草长而青;秋冬之交,草衰而黄。二时气候不常,蕴隆重衿,腊月挥扇,咄嗟呼吸,冬夏便分(《赤雅·四瘴》)。

这两条介绍了瘴气及其分类,瘴气是指南方山林中湿热蒸郁能致人疾病的有毒气体;后一条则介绍了瘴气的分类,瘴气按发病的季节分成四类,春天叫作青草瘴,夏天叫作黄梅瘴,秋天叫作新禾瘴,冬天叫作黄茅瘴。其中青草瘴、黄茅瘴尤为毒烈,壮族地区有民谚云“青草黄茅瘴,不死成和尚”,足见其毒烈之处。按症状及性质,瘴还分为冷瘴、热瘴、哑瘴等。此外,有依植物命名的桂花瘴、菊花瘴,有依动物命名的蚺蛇瘴、孔雀瘴、蚯蚓瘴、鸭虫瘴、黄蜂瘴等,还有瘴田、蒙沙、水瘴等。

炎方土脉疏,地气外泄,人为常燠所熯。肤理不密,两疏相感,草木之气通焉。上腕郁闷虚烦,下体凝冷,吐之不可,下之不可,用药最难。但宜温中固下,升降阴阳。及灸中脘、气海、三里,或灸大指及第五指,皆能止热,予试立验。如用大柴胡汤及麻黄金沸草散、青龙汤,是胶柱鼓瑟也,鲜不败矣。

中瘴失语，俗谓中草子，移时血凝立死。其法：用针刺头额及上唇，仍以楮叶擦舌令出血，徐以药解其内热，应手立效。

邝露在这两条中详细介绍了治瘴的方法，“宜温中固下，升降阴阳。及灸中脘、气海、三里，或灸大指及第五指，皆能止热，予试立验”。对于“中瘴失语”者，则采用“针刺头额及上唇，仍以楮叶擦舌令出血，徐以药解其内热”之法，立竿见影。

邝露在《赤雅》中记录的治瘴方法包含了古代壮族地区治疗瘴气的针灸疗法、药物疗法等。除此之外，在《岭外代答》及广西各地地方志等文献中，都详细记载了古代壮族先民使用针刺、灸法治疗瘴气的方法。《岭外代答》详细记载了壮族针刺治疗热瘴的经验，“间有南人热瘴，挑草子而愈者。南人热瘴发一二日，以针刺其上下唇，其法：卷唇之里，刺其正中，以手捻去唇血，又以楮叶擦舌，又令病人并足而立，刺两足后腕横缝之青脉，血出如注，乃以青蒿和水服之，应手而愈”。《永安州志》中记载了灸法治疗瘴气的具体经验，瘴气症见上脘郁闷虚烦，下体凝冷，治宜“温中固下，升降阴阳。及灸中脘、气海、三里，或灸大指及第五指，皆能止热”。[1] 在《本草纲目》《本草拾遗》等文献中，则详细记录了壮族先民使用药物治疗瘴气的经验。《本草拾遗》云，“土落草，腹冷疼气痃癖。作煎酒，亦捣绞汁，温服。叶细长，生岭南山谷，土人服之，以辟瘴气”。《本草纲目》记载，“锦地罗出广西庆远山岩间，镇安、归顺、柳州皆有之。根似草薢及瓜蒌根状，彼人颇重之，以充方物。主治山岚瘴毒疮毒，并中诸毒，以根研生酒服一钱匕，即解”。

而对于瘴气的预防措施，壮族先民有着极其丰富的经验。如每年五月初五每家每户的悬挂艾叶、喝雄黄酒习俗以及民间的槟榔除瘴法，都是壮族人常有的防

[1] 黄冬玲 . 壮族对瘴气防治的贡献 [J]. 广西中医药，1991(05)：218–219.

瘴、治瘴法。壮族先民喜好槟榔，嚼食槟榔防治瘴气，把它广泛地用作防病祛患的药物。此外，为了便于将除瘴经验更好地传播，壮族先民将这些除瘴方法编成歌谣。如《赤雅》中有“瘴中要诀，避色如避难，冷暖随时换，少饮卯时酒，莫吃申时饭”。此外，民间还有“慎起居，毋昼寝、深夜露坐，节饮食而不伤饥饱，谨嗜好而无从淫欲，调摄得宜则精神内固，虽有瘴气不能侵害”等防瘴歌谣。

3. 用毒解毒习俗

壮族居住区地处岭南亚热带地区，动、植物资源十分丰富，盛产毒药、毒虫、毒蛇、毒矿等。当地壮族先民很早就懂得利用本地所产的毒药制作各种毒器，在战争或狩猎中使用。

1）用毒习俗

壮族先民很早就懂得用毒，焦铜、毒蛇草、毒虺、鸩、鸡母等是其所常用之毒。焦铜之毒，晋代张华《博物志》记载“交州夷名曰俚子，俚子弓长数尺，箭长尺余，以焦铜为镝，涂毒药于镝锋，中人即死”。其中交州俚子是壮族的先称。可见壮族先民在此时就已经懂得焦铜使用之法。隋代巢元方《诸病源候论》中也有有关焦铜使用的记载，“毒箭有三种，岭南夷俚用焦铜作箭镞”。毒蛇草是一种药性极毒的药草，中者几无生还可能。南宋范成大《桂海虞衡志》中记载“药箭，化外诸蛮所用，弩虽小弱，而以毒药濡箭锋，中者立死，药以毒蛇草为之”。毒虺，是古书上说的一种毒蛇。宋代周去非《岭外代答》曰“溪峒弩箭皆有药，唯南丹为最酷，南丹地产毒虺，其种不一，人乃合集酝酿以成药，以之傅矢，藏之竹筒。矢镞皆重缩，是矢也，度必中而后发，苟中血缕必死”。说明壮族已认识到毒箭致死的原因是毒药必须进入血液，因为箭毒口服是不发生中毒的，就像人们吃被毒箭射死的动物而不中毒一样。鸩之毒，《赤雅·毒矢》中记载：“射鸩捕蛇，以合百草，练时日，作毒矢，仰射飞走，透肌及骨。百不失一。”所记载的矢毒是用鸩、毒蛇以及药草合熬而成，射杀飞走之物，无不“百不失一”，效果极佳。而对于鸡母之毒，明代方喻《南宁府志·物产》中有详细记载，“鸡母，涂箭射禽兽立死”，足见其药性之毒。

2）解毒习俗

壮族先民用药的另一特点是善于解毒，善“一物降一物”“以毒攻毒”。此外，壮族先民解毒范围较广，包括蛇毒、虫毒、食物中毒、药物中毒、箭毒、蛊毒等毒的解法。

箭毒之解法：

壮族先民不仅善于制作毒箭，且善解箭毒。解箭毒常使用的药物包括甘蔗、石药、猪腰子、鹅抱、蠵龟血、狗獾骨等。早在宋代，壮族先民就知道“甘能和毒”。宋代周去非《岭外代答》云，“溪峒弩箭皆有药，唯南丹为最酷……南丹之战也，人以甘蔗一节自随，忽尔中矢，即吠蔗，则毒气为之少缓”，记载了壮族先民使用甘蔗解箭毒之法。石药亦有解箭毒之功效，《本草拾遗》记载：“石药，味苦寒无毒，主折伤内损淤血，烦闷欲死者，酒消服之。南人毒箭中人，及深山大腹伤人，速将病者顶上十挤之，出血水，药末傅之水，并傅伤处，当上下出黄水数升，则闷解。俚人重之，以竹筒盛，带于腰，以防毒箭。”使用猪腰子解毒是明清时期壮族民间的独特经验。《本草纲目》中记载：“猪腰子生柳州。蔓生结荚，内子大若猪之内肾，状酷似之，长三四寸，色紫而肉坚。彼人以充土宜，馈送中土。”

药毒之解法：

钩吻为壮族地区常见之物，分布很广，日常生活中稍不慎极易误服，因此，壮族地区时有钩吻中毒的发生。此外，钩吻还常用来毒人或自杀，在宋代周去非《岭外代答》中有相关记载：“愚民私怨，茹以自毙。”解救钩吻中毒，壮族有自己的独特经验，流传于民间的方法很多，如民间有“尝试杀羊取血饮，可救误食钩吻中毒者”之法。此外，壮族民间还有使用山豆根、玳瑁血以解药毒。

蛇虫毒之解法：

鬼臼、续随子、独脚莲、半支莲、苦荬莱、蜂等是壮族先民解蛇虫毒的常用之物。目前壮族民间仍广泛使用鬼臼、续随子来治疗各种毒蛇咬伤。而对于其他解毒之物，清代张祚蕃《粤西偶记》记载，独脚莲能治疗一切毒蛇咬伤。清代赵学敏《本草纲目拾遗》有用半支莲来治疗蛇虺蝎螫咬伤“立有奇验”的记载。而据《南宁府志》记载，“苦荬莱可解蛇虫之毒”。此外，蜂也是壮族先民常用来解毒之物，《本草图经》云“蜂，岭南人亦作撰食之”。宋代周去非《岭外代答》云“蜂房之毒，麻虫之秽，悉炒而食之”。说明在壮族地区，人们喜食蜂，且用蜂来解虫毒。

蛊毒之解法：

蛊毒乃岭南地区所常见之毒，壮族先民对该毒的解法有独到的见解，经常使用菱香草、蘘荷、芸香等物来解蛊毒。根据《义宁县志》（道光元年铅印本）记载，“当地出产的菱香草晒干后香气经年不散，能辟蛊”。现在壮族民间仍有人用菱香草来预防蛀虫。清代舒启《柳州府马平县志》中有当地出产的蘘荷“能治蛊”的记载。清代杨家珍《天河县乡土志》记载，当地出产的芸香“可辟蛊毒”。

食物中毒之解法：

用圣齑、橄榄、金荆解食物中毒是壮族先民常用之法。圣齑常用做解食后肢胀及食物中毒，据《岭表录异》记载，圣齑“乃牛肠胃中未化草也”。橄榄也是解食物中毒的常用方法。《本草纲目》指出，橄榄“出广西两江峒中，当地土人采取为药”。

以上是壮族人民善用毒药和解毒药的大量事实，充分说明壮族在使用毒药和解毒药方面具有悠久的历史和丰富的经验。

（三）卫生预防民俗

在众多的卫生预防习俗中，五月初五的“端午节”就是其中一种，在民间端午节要举行各种各样的驱邪辟秽活动，如悬艾叶以祛除恶气，饮雄黄酒通利血脉、益寿延年。我国医学宝库中现存成书最早的医学典籍《黄帝内经》在起居调摄、居住环境等方面都强调“风雨寒暑、虚邪贼风”应“避之有时”。由于壮族聚居地的独特自然环境、特殊的气候条件加之在文化等各方面与其他民族存在较大的差异，所以，除了一些在各个民族共同流传的广泛民俗外，在壮族民间流传包括佩药习俗、鼻饮习俗、熏烟习俗、熏蒸习俗以及净水习俗等独具民族特色及地方特色的卫生预防民俗。

1. 佩药习俗

《山海经·西山经》中记述“熏草……佩之可以已病”。屈原《离骚》云“扈江离与辟芷兮，纫秋兰以为佩，揽椒兰其若兹兮，又况揭车与江离，惟兹佩之可贵兮，委厥美而历兹”。佩香囊不仅流传于民间，而且常为医家所推崇。壮医佩药防病在临床上的应用有着悠久历史。《靖西县志》记载“五月五日，家家悬艾虎，持蒲剑，饮雄黄酒，以避疠疫”。在那天，家中如有未成年的儿童，则让他们佩挂用各种香药制成的药囊，以扶正祛瘴；在瘴疠流行的季节，村寨中的男女老幼，都佩戴药囊，预防或减少瘴疫的发生，这些习俗一直沿用至今[1]。

壮族人选用各种药物，用丝线串系，佩挂于颈项或戴于手腕，利用药物的特殊气味，达到防病治病的目的。该法对体弱多病的儿童、妇女及老年病人有良效。

2. 鼻饮习俗

要探究“鼻饮”习俗之民族文化，必须在承认“鼻饮”习俗真实存在的基础上，

[1] 庞宇舟 . 论壮医药文化价值及其开发利用 [J]. 广西民族研究，2005(3)：197-200.

考察“鼻饮”所处地域及其地域之民族主体，最后才得以探索“鼻饮”习俗背后之民族文化。

“鼻饮”较盛地区，均为我国西南炎热多雨地域。那里强烈的湿热地气，加上地表丰富的植物腐朽之气，抑或正是“鼻饮”现象得以兴起与流传的地理因素。常在这样的“痧瘴”中生存的人，必然会导致瘴疾袭身。渐渐地，壮族先民摸索并积累出一套抵御瘴气及疗瘴防暑之法，即“鼻饮”之法。而“鼻饮”正具有消暑热、散毒、通窍、醒脑之神功。范成大《桂海虞衡志》曰“暑月以饮酒。云水自鼻入咽，快不可言”；宋代周去非《岭外代答》道“施小管如瓶嘴，插诸鼻中，导水升脑，循脑而下入喉，以为凉脑快膈，莫若此也”；《太平广记》引《玉堂闲话》述，申光逊见友孙仲敖患脑痛，“即命醇酒升余。以辛辣物洎胡椒干姜等屑仅半杯，以温酒调……安于鼻窍，吸之至尽……其疾立愈”。朱千华在《岭南田野笔记》记载道：“到目前为止，在岭南的广大瑶族山寨，仍可见到用鼻吸法给药，用以治疗感冒，且有神效。”这种奇特的给药方法，是由百越先民创造，并为岭南民间广为采用。

“鼻饮”是一种洗鼻及雾化吸入的防病之法。在民间“鼻饮”的目的就是防瘴、祛湿解暑。壮族先民为能够保证生命健康和世代繁衍，必须从日常生活实践中总结出一些能有效抵御瘴毒、祛湿解暑的方法。这种奇特的卫生预防民俗，系壮族先民所创造，并为民间壮医所总结[1]。

3. 熏烟习俗

端午节有插艾辟邪消灾、祈福保平安的风俗，同时人们还用艾叶、菖蒲、苍术

---

[1] 谭德祥．广西地区民族饮食文化风尚述论 [C]// 李士靖中华食苑（第九集）. 北京：中国社会科学出版社，1996.

等味，烟熏驱邪，防止疾病侵入人体之法。端午节后，天气日趋炎热，蚊蝇大量滋生。为此，古人常用烧燎与熏烟来灭虫，南朝梁代宗懔的《荆楚岁时记》就载有“正旦门前作烟火逐疫”，即用艾叶熏蚊虫。

壮族作为我国人数最多的少数民族，其在民俗的传播与传承上与其他民族有诸多相似之处，但又有其显著的民族特色。与民间端午的烟熏习俗类似，壮族民间有一种熏烟习俗，即在疫病流行的时节，家家户户都在居室内熏烧苍术、艾叶、白芷、硫黄、柚子皮等药物，防止病邪侵入人体，达到防病保健的功效。艾叶味辛、苦，性温；归脾、肝、肾经；芳香温散，可升可降；具有温经止血、散寒止痛的功效。艾叶点燃后放在屋内熏烟，对多种病菌有抑制作用，是一种简便有效的室内消毒方法。

4. 熏蒸习俗

熏蒸疗法又称蒸煮疗法、药透疗法、汽浴疗法、热雾疗法等。是一种在皮肤上借助药力和热力发生作用的治疗方法。在一些少数民族地区，又被称为“烘雅”。是利用药物蒸汽对病变患处进行熏蒸的局部熏蒸法。中药熏蒸疗法在先秦就有记载，后世不乏其术。到清代，中药熏蒸疗法逐渐趋于成熟。中华人民共和国成立后，中药熏蒸疗法无论是在理论上还是实践上均有较大的发展，并逐渐广泛用于保健以及临床治疗疾病等诸多方面。

壮族人民非常善于利用自己当地的药物资源来防病治病。熏蒸疗法在壮族地区广泛使用，每逢端午节期间，壮族人民都会在附近山上采集一些草药来煎水，并趁热用药液熏蒸皮肤，等药液降到适宜温度之后，再进行沐浴，这种熏蒸方式已成为壮族防治疾病的习俗。

（四）巫医结合的壮族医药民俗

龙开义[1]在壮族传统村落的田野调查过程中，对壮民的医药卫生习俗颇加留意，他发现该地大部分患者选择“神药两解”的治疗方法。具体说来，就是当病人患病时首选药物治疗，而在药物治疗效果不明显的情况下，再邀请么公、囊妹、道士等神职人员来施行仪式治病，当然，也有结合两种疗法同时进行的。壮族先民由信仰鬼神而产生了巫文化，据研究，左江崖壁画表现了日、月、星辰崇拜，对此古籍不乏记载，直到现代，壮族地区的巫风仍有所遗存。

壮族医药中医巫并存的情况长期存在，古代壮医对某些疾病确有较好的疗效，却往往以巫医的形式出现。刘锡蕃在《岭表纪蛮・杂述》中对此有明确的记载：“蛮人以草药医治跌打损伤及痈瘟疮毒外科一切杂疾，每有奇效，然亦以迷信出之。”并目睹，“尝见一患痛者，延憧老治疾，其人至，病家以雄鸡、毫银、水、米诸事陈于堂。术者先取银纳袋中，脱草履于地，取水念咒，喷患处，操刀割之，脓血迸流，而病者毫无痛苦。脓尽，敷以药即愈”。[2]这是对历史上壮医治病的比较客观的记载。直到现代，壮医仍然在某种程度上保留着这种独特的治疗形式。

（五）民谚、歌谣中的医药民俗

壮族地区还保存着更多其他的医药民俗，其保存的形式多样，如将医药民俗融汇在日常的民谚、歌谣之中。

邝露在《赤雅》中云：“避色如避难，冷暖随时换，少饮卯时酒，莫吃申时饭。”即告诫人们不要淫欲无度，要随寒暑更换衣服，早上不要喝酒，晚饭宜喝稀粥，不

[1] 龙开义．壮族的民间信仰与民俗医疗 [J]. 青海民族研究 .2007，(2):110–114.

[2] 龙鳞．医学人类学视野中的云南民族医药 [J]. 云南民族大学学报，2008,25(4):35–38.

宜过饱。还有如“冬忌生鱼,夏忌狗肉”等时令养生谚语,言简意赅。

壮族人能歌善舞,山歌更是其中一绝,为了更好地将医药常识完整地保存和流传下来,山歌也为医药民俗的传承充当了载体。因此,在壮族的山歌中也不乏医药民俗知识。“柳州有座鱼峰山,山下有个小龙潭。山脚潭边唱山歌,医药山歌早已传。自从盘古开天地,药王传医又传药。广西歌仙刘三姐,她用山歌唱医药”。壮族人民通过山歌这种方式将祖祖辈辈积累下来的卫生保健知识、疾病的治疗方法代代进行传播。

此外,壮族人民常将生活中行之有效的保健知识编成歌谣,广为传唱。如“早晚不要吃冷的食物,饮酒抽烟要适度,早上出门口含生姜防瘴气”“口渴莫吃沟边水,恐怕水中有蚂蟥;吸血蚂蟥吞落肚,蚂蟥落肚断肝肠!狂饮暴食餐过餐,撑烂肚来撑坏肠;劝哥莫贪酒色好,人生酒色少为安”[1]。

“春分有雨病人少,初一翻风又落雨,沿村病疫定然凶;立夏东风吹发发,沿村没有病人魔;季秋初一莫逢霜,人民疾病少提防;重阳无雨三冬旱,月中抗旱病人忙。凑巧遇逢壬子日,灾伤疾病损人民。初一西风盗贼多,更兼大雪有灾疴”。这首民歌表达了气候变化与疾病之间存在的关系,并告诫人们在气候发生变化时,要注意防病。这与中医“天人合一”以及“治未病”的思想是一致的[2]。

再如,广西平果当地有“如果病后身体弱,要九龙藤和猪脚,和酒生姜一起煲,喝了体力恢复多”“熟稔子果要焙干,九蒸九晒下酒坛,好酒浸得一周后,就能补血不简单”等民歌,内容是当地常用的饮食疗法。壮族群众把源自生活经验、

---

[1] 莫清莲,戴铭,农敏坚 . 壮族民歌中的保健医事记载 [J]. 中国民族民间医药,2009,18(23): 5–6.

[2] 箫凤培 . 广西民间文学作品精选 (融安卷) [M]. 南宁: 广西民族出版社,1992:154–155.

简单但行之有效的方法，编成通俗易懂的民歌，广泛流传[1]。此外，山歌在壮医流传过程中，发挥了特定的重要作用，壮族民间医生还将一些常用壮药的药性编成歌诀。这些歌诀易懂易记，是壮民族健康和繁衍生息的重要保证，也是壮族医药得以长期流传的重要原因。

三、壮族医药民俗的特色与文化特质

每一个国家或者民族，甚至每一个区域，其民俗都具有各自独有的特征，这些特征就组成了其特有的民俗特色。而文化特质则是一种文化区别于其他文化的最小单位，文化的差异就是通过这些文化特质来表现出来。壮族先民在实践中，总结形成的以土医、土药为特征的医药文化，有鲜明的民族性和地域性，具有不同于其他民族医药的特有文化特质。

（一）壮族医药民俗的特色

1. 注重预防的"治未病"思想

"未病"包括无疾之身、疾病隐而未发、发而未传三层含义；"治未病"则对应三层含义：概括为未病先防，防微杜渐，既病防变。中医学一直认为"治未病"是医术精深的象征，早在《黄帝内经》中就已提出"治未病"的预防思想，《素问·四气调神论》云"圣人不治已病治未病，不治已乱治未乱，此之谓也。夫病已成而后药之，乱已成而后治之，譬犹渴而穿井，斗而铸锥，不亦晚乎"。

民俗与医药有着水乳交融的联系，体现在其应用药物，顺应四时节气预防疾病的各方面。由于人体疾病的形成与季节气候的变化息息相关，故在应用药物防病时，均应考虑到不同节气的致病特点，应顺时、顺人而施治，如在仲夏时节，天气

---

[1] 莫清莲，黄萍，黄海波．略论壮族民歌在壮医传承中的作用 [J]. 中国民族民间医药，2009，18(21)：25-27.

日趋炎热，毒虫滋生，是各种病疫易患之时，为防范毒气的侵扰，古人创造了一些易为人们接受的民俗，五月初五的“端午节”就是其中一种，那天要举行各种驱邪辟秽的活动，如悬挂艾叶、佩戴香包等。

治未病以预防疾病、保健益寿为目的。《黄帝内经》在起居调摄、居住环境等方面都强调“风雨寒暑、虚邪贼风”应“避之有时”。在壮族民间流传包括佩药习俗、鼻饮习俗、熏烟习俗、熏蒸习俗以及饮食习俗等独具民族特色及地方特色的医药卫生民俗。

通过在贵港市和西林出土的西汉时期壮族常用铜鼓上的舞蹈造型，可看到气功导引、引舞疗疾之物理疗法的雏形。反映了在很早的时候，壮族先民就懂得通过体育锻炼来增强体质、预防疾病。

壮族医药民俗中蕴含的壮族医药文化是壮族的一大优势资源。大力挖掘壮族医药文化资源，使民族文化转化为生产力，发挥其特殊的“物化”作用，对于弘扬壮民族的优秀传统文化，促进壮族地区经济发展和社会进步都具有重要的历史意义和现实意义。

2. 巫医结合的特色民俗文化

古代壮族地区素有“信鬼神、重淫祀”之俗，巫医结合是广西民族医药文化现象之一。在壮族的一些地区，巫医结合的现象非常普遍，人们在生病的时候，一方面求医，另一方面又将治愈的希望寄托在求巫上。巫师治疗疾病，具有暗示治疗作用，即与心理疗法相似。通过求巫，病人在身心方面得到一种积极感应，由此可以减轻病人对疾病所产生的恐惧，调动人体的免疫功能，从而起到抗病作用，使病痛得以缓解[1]。

[1] 龙鳞．医学人类学视野中的云南民族医药 [J]. 云南民族大学学报，2008,25(4)：35-38.

龙开义[1]在总结“巫医结合”这一壮族特色民俗文化的时候认为“壮族的巫医结合疗法与其民间信仰紧密相连”，壮族村民受鬼神观念的影响，认为人体生病最大的病因是由于超自然的精怪侵入人体，必须借由么公、囊妹、道士进行诊断治疗。而这种治疗的本质是一种文化治疗，是通过心理暗示来增强患者的信心，纾解、调剂患者身体所遭受的压力。其表面是为了治疗疾病，实质则为通过这种方式缓解患者对疾病的恐惧，使患者获得心灵上的纾解[3]。壮族地区遗存的资料对此现象的记载很多，《上林县志》（十六卷）中记载“或遇疾病，不服医药，辄延鬼师歌舞祈祷，谓之跳鬼”；《宜北县志》（八编）中有“凡遇发生疾病，举家忧愁，不求医药调治，迷向鬼神祈祷”的记载。此外，在《来宾县志》《迁江县志》《全县志》等广西各地的地方志中均有有关巫医结合现象的记载。

龙开义通过对壮族地区的田野调查认为，壮族巫医结合的民俗文化还具有问事、祈福等几大特点[2]。一是问事。在人生中遇到事业、爱情、婚姻、仕途等不如意时，经常处在抉择的十字路口上，由于缺乏适当的咨询对象时，巫师便是民间的咨询师，指导民众在未卜的命运中寻找出路，来解除胸中的迷惑与抚慰心中的悲伤。二是祈福。逃避灾厄苦难是现实生活中的消极对应行为，而祈福是生命存在的求优手段，实现生活优化的理想愿望。巫术运用祈祷、许愿、改运等祈福手段，直接诉诸人与神灵的交感关系，让人们获得平安幸福的保障。正因为巫术具有上述综合性效应，所以巫医结合的特色民俗文化在壮族民间广泛存在。

3. 药食同源的饮食文化特色

“药食同源”指的是，许多食物即是药物，它们之间并无绝对的分界线。

---

[1] 龙开义 . 壮族的民间信仰与民俗医疗 [J]. 青海民族研究，2007(02)：110–114.

[2] 罗正心 . 算命与心理辅导 [M]. 台北：桂冠图书公司，1993:324.

许多食物既是食物也是药物，食物和药物一样同样能够防治疾病。壮族是农业民族，因此，各种美食风味又与气候以及防病治病相关。其中“白矾净水”体现了壮民们有防止“病从口入”的思想；行气健胃、顺气润肺的“五色养生饭”；喜食酸辣以驱寒散湿的方法。此外，壮医的药膳也各具特色，“山蚂拐蒸瘦肉”“壁虎蒸猪肝”“猴巴鸡肝汤”“铜石龙子汤”适合于小儿疳积及瘦弱儿长期服用。

（二）壮族医药民俗的文化特质

壮族有自己独特的文化，壮族医药民俗文化是壮族文化的一个重要组成部分。大量的资料已表明，源自民间的壮族医药民俗文化源远流长，是壮族先民同疾病斗争的经验总结。与中国传统中医药不同的是，壮族的医药民俗具有很多独特疗法和独特的理论，强调阴阳为本、天地人三气同步的天人自然观，强调脏腑骨肉气血、三道两路的生理病理观，强调毒虚致百病的病因病机论，构成了壮族医药民俗的独有文化特质[1]。

1. 壮族医药民俗中的“灵魂”观

壮族及其先民相信灵魂的存在，他们相信“万物有灵”“灵魂不灭”。他们认为，不但有生命的东西有灵魂，而且像一块岩石，一棵树，甚至风雨雷电，都是有灵魂的。现代医学认为，病由六淫所致，其中情志不遂、饮食不规律、缺乏运动是产生疾病的主要原因。但是，壮族先民认为疾病的产生是由于灵魂所致，一旦人体内的灵魂游离于肉体之外，人体就会生病、衰弱甚至死亡。壮族先民还认为产生这种情况的主要原因则是灵魂被鬼摄去或者被仇人窃取。因此，只有及时将灵魂召回，人体才能恢复健康。基于这种思维，在壮族民间，经常可以看见“招魂”与

[1] 王柏灿 . 壮医药的壮族传统文化特征 [J]. 中国民族医药杂志，2007(4):3–5.

就医一起进行的“巫医结合”式的壮族医药民俗。

2. 壮族医药民俗中的天人自然观

“天人合一”自然观强调人尽其能、地尽其利、物尽其用，把人与自然紧密地结合在一起。壮族传统文化在关于“宇宙起源”“人类起源”“人与自然”等诸多方面的认识，体现出“天人合一”的哲学思想。壮族先民“天人合一”的思想主要表现为强调人与自然的和谐统一，并对自然产生了畏惧的心理，除了一些生活所需，不轻易向自然索取[1]。在壮族的医药民俗中，“天人合一”的哲学观点认为，人身就是一个“小天地”。《太平经》上说：“人生皆含怀天气具乃出，头圆，天也；足方，地也；四肢，四时也；五脏，五行也；耳目口鼻，七政三光也。此不可胜纪，独圣人知之耳。”壮医在充分地吸取中医学理论的同时也吸取了上述观点，并引进阴阳的概念，用以解释人体的生理现象及疾病的病因病机，使他们对人体生理病理的认识大大提高。广西德保县壮医罗家安编著的《痧病针方解图》就明确以阴盛阳衰、阳盛阴衰、阴盛阳盛对痧症进行分类，据此决定采用不同的治疗方法。

3. 壮族医药民俗中的病因病机论

壮医认为，天、地、人三气同步，三道两路畅通无阻，脏腑协调是保持人体健康的基础。人与自然、人体的各脏腑之间，存在一种不断产生矛盾解决矛盾的过程，以维护其中的相对平衡，从而保证人体正常的生理需要。这种平衡一旦遭受到破坏，人体就会发生疾病。广西地区古代壮族先民居住分散，彼此的交往甚少，尤其是在“土司制度”的控制下，素有“鸡犬之声相闻，老死不相往来”之俗。人民生活简朴，在思想上比较单纯，因此精神情志方面的问题不多。与此相对应的

[1] 崔箭，唐丽．中国少数民族传统医学概论 [M]．北京：中央民族大学出版社，2007．

是，壮族地区自古以来的草密林茂、毒物繁多，素有“岭南多毒”的说法。因此，壮族先民及壮医普遍认为，“毒”是让其致病的主要原因[1]。为此，壮医在长期的实践中，发展了“毒虚致百病”之说，认为“病从毒起”。

疾病多种多样，病变机理也极为复杂。壮医认为，不同的疾病病理变化各异，但也存在着一些共同的规律。掌握这些规律，有助于窥视其本质，有效地进行辨证与治疗。壮医“毒虚致百病”理论早在宋代周去非的《岭外代答》中就有所体现，“盖天气郁蒸，阳多宣泄，冬不闭藏。草木水泉皆禀恶气，人生其间，日受其毒，元气不固，发为瘴疾”。壮族先民及壮医认为，一切疾病都是由于“毒邪”所致，是导致疾病的主要病机。“毒”，有的猛烈，有的缓慢；有的有形，有的无形；有的损伤皮肉，有的伤害脏腑或三道两路。“虚”既是发病的原因，也是病理的结果与表现。壮医认为“虚”也是致病的两大因素之一，特别容易招致邪毒的侵袭。

综上所述，壮医的病理观属于朴素的客观理论，是对自然环境和人体生理病理进行客观观察所得，而不是现代科学实验研究得出的。其独到的病理观认知体系集中反映了壮族文化的民族性和地域性等特点，反映了壮族人民对其所生存环境的认知和态度。

第二节　广西壮族医药文化的传承与发展

2006 年，壮族医药首次被列为广西壮族自治区非物质文化遗产保护名录，2011 年，国务院公布的第三批国家级非物质文化遗产保护名录中壮族医药的线点灸疗法列入其中。此外，与壮族医药民俗文化有关的靖西壮族端午药市民俗

[1] 叶庆莲 . 壮医基础理论 [M]. 南宁：广西民族出版社，2006：86–87.

也被列为广西壮族自治区非物质文化遗产保护名录。作为其中一分子的壮族医药民俗文化，它既是历史文化遗产，又是现实的医疗卫生资源。在文化方面，它反映了壮族先民朴素的宇宙观、健康观、疾病观等哲学思想；在现实中，也体现出它为维系壮族人民的生命健康以及世代繁衍所作出的巨大贡献。作为壮族文化体系的重要组成部分，壮族医药民俗是壮族的一大资源优势。但是由于各种原因，壮族医药民俗文化尚未完全得以挖掘，有的甚至被轻视或舍弃，濒临危亡。目前，国家相关部门正在加紧整理这些非物质文化遗产，使其继续得以更好地传承和发展。

一、作为非物质文化遗产的壮族医药民俗的文化价值

（一）人文价值

壮族具有悠久的历史，灿烂的文化。在几千年的历史发展长河中，积淀了包括人文资源在内的丰富资源。壮族医药民俗文化和壮族的壁画、铜鼓、壮锦、壮戏、壮族民歌等一样，蕴含了丰富的民族传统文化，是壮族人文资源的重要组成部分，是壮族人民智慧的结晶。

（二）实用价值

纵观历史，任何一个国家和民族，为了自己的生存和发展，都会同各种各样的困难和障碍作斗争。同样，他们也为了其生存和发展，都会寻求同疾病作斗争的医药，并在日常的实践中加以归纳和总结，使其不断发展，日臻完善，以满足自身生存与发展的需要，进而形成具有本民族特色的医药。壮族医药民俗内容丰富，它们多源于生活、朴实无华，但却拥有非常丰富的治病、防病经验。对于壮医而言，壮医的一些验方、秘方和诊疗技法，显示出了独特的疗效，但是由于壮族人、壮医所居住的地区在社会、经济、文化等方面都比较落后，壮族医药需要以口耳相传的

各种民俗方式得以传承,而医药民俗正好担当了这个角色,它对壮医的传承发挥了重要的作用。

当然,壮族医药民俗之所以能存在,还在于其包含有相当的科学性,有丰富的“含金量”,能补现代医学之不足。在众多的民族传统医药中,壮族医药以其确切的疗效以及多样的诊疗技法和大量的验方秘方一直深受壮族人民的信赖。

(三)经济价值

壮族医药民俗文化作为一种文化资源,有着其经济方面的特殊价值,具备了可供市场开发的各种经济要素。

首先是医药经济价值。据调查,壮族民间用药数量多达 1870 多种,品种非常丰富。目前,国家对民族地区的医药研究比较重视,对壮族医药的研究和整理已取得较大进展。根据壮族医药民俗及民间验方开发的产品很多,如广西著名保健饮品“百年乐”以及“妇血康”“云香精”“正骨水”“三金片”等,可见对壮族医药民俗进行开发的前景十分广阔。

其次是旅游经济价值。在广西地区旅游资源相当丰富,其中不乏与壮族医药民俗相关的旅游资源。如壮族医药文化中的花山崖壁画文化被誉为“壮族文化瑰宝”,游人如织;广西西南边陲的靖西壮族端午药市民俗以其独特的人文价值被列为广西壮族自治区非物质文化遗产保护名录。此外,壮医饮食文化、佩药挂药等医药民俗文化都是难得的旅游资源。

二、作为非物质文化遗产的壮族医药民俗文化的保护与利用

文化是一个多层次、多方面内容的统一体系,有着丰富多彩的内容。壮族有着自己的优秀文化传统,壮族医药民俗文化是其中的一个重要组成部分,是与自

然资源同等重要的财富[1]。在过去的几千年中，壮族医药民俗文化以其独有的文化姿态伴随着壮族人民的生活。随着社会的进步发展，人们该如何传承、保护和发展这个少数民族文化，让其更好地与现代文化发展接轨，并使壮族医药与现代医学体系融为一体，是亟待研究、探索的课题。

（一）增强壮族医药民俗文化资源开发意识

首先，做好壮族医药民俗文化的收集和整理。1986年年底，由200多人组成的田野调查组，对广西地区人口在1万人以上的70多个少数民族县市，进行了历时6年的民族医药的普查工作，调查者从数百本地方志和相关汉文资料中，收集整理了大量记载壮族医药的文献资料。收集了壮族医药偏方、验方、秘方上万条，发掘整理了多种壮族医药行之有效的诊疗方法，同时也获得一些壮族医药文献和手抄本[2]。为壮族医药留下了弥足珍贵的资料。壮族医药民俗及壮族医药文化是壮族的资源优势，要充分认识资源的开发价值，把握好特色，大力搜集和挖掘其中的优秀成果。

其次，完善壮族医药文化的理论研究，使其进一步科学化、完整化和系统化。壮族医药虽历经了几千年的文化发展，有着自己独特的理论基础，在广大壮族人民中有着重要的地位，但是由于各种条件的限制，在壮族医药文化的研究方面还存在着一定的分散性与局限性。必须从文化学、民族学、民俗学以及传统医学等渠道，多视角地去分析、总结其理论，从而准确地理解其深层次的文化内涵。

最后，根据壮族医药文化的特色，创造文化与市场接轨的条件，使其面向产业化、国际化发展，这对于传播壮族医药文化有着良好的推动力。

---

[1] 庞宇舟．论壮医药文化价值及其开发利用[J]. 广西民族研究，2005(3)：197–200.

[2] 刘强，林江．广西中医药（含壮医药）产业发展考察[J]. 广西中医学院学报，2008,11(4)：94–98.

因此,应该充分利用壮族医药文化的优势资源,充分发挥壮族医药的潜力以及影响力,不断地对壮族医药的特色医疗方法进行推广,打造属于壮族自己的优势民族医药品牌。2010年,由广西壮族自治区中医药管理局主编的《中医壮医临床适宜技术》一书出版,并将其在广西区内进行大力推广,这标志着壮族医药的整理与推广已经得到相关部门的重视,这将为壮族医药的发展提供新的动力。

(二)加强对壮族医药民俗文化的保护和合理利用

广西具有丰富的壮族医药非物质文化资源,这些资源主要以历史文献、文物遗存、民间传说等形式流传存在,它不仅是研究传承壮族医药文化的宝贵财富,也是壮族医药文化得以可持续发展的根基所在。因此,在利用这些文化资源时应该清醒地认识到其是不可再生资源,对它的不合理利用不但会造成对历史原貌的破坏,更主要的是会对中华民族文明的传承产生误导和歪曲,应该引起高度重视。

文化的传承是需要载体的,而这些载体的存在在一定程度上可以更好地了解当时的社会发展情况以及文化概况。在广西左江,共发现了180处巨型壁画,其中宁明县的花山崖壁画,其规模在国内崖壁画中首屈一指,实属罕见。这一珍贵的文化遗产目前也面临着严峻的考验,由于风化,花山崖壁画呈现片状脱落,大量的游人参观对壁画产生不良的影响。这需要文物保护部门及时地制定有效的保护措施。

“壮医针灸”是壮医的一大特色品牌。别树一帜的壮医针刺术与传统中医针刺相比,最大的特点在于针刺不用根据传统经络学说来定位治疗,而是有着自己特定的穴位。此外,壮族医药线点灸疗法以其“简、便、廉、验、捷”的特点目前已在全国300多家医疗单位应用推广,并传播到欧美和东南亚国家,成为最具特色的壮族医药治疗方法。

总之，在加强对历史文化资源开发的规划的同时，还要强化对历史文化资源的保护，在发展中落实保护，在保护中促进发展。

三、加强壮族医药人才及医药民俗传承人的培养

壮族医药文化博大精深、源远流长，具有深厚的壮族文化底蕴和丰富的壮族历史内涵，同时也具有鲜明的壮族特色。如果对这份珍贵的非物质文化遗产不加以重视或乱加丢弃，让其自生自灭，将会给壮族医药的传承造成巨大的损失，也将会对壮族医药的发展造成不良的后果。目前，由于现代医学技术的不断发展，现代医学已经对传统医学造成了冲击。加之专门从事壮族医药的人才还不多，且未对壮族传统的医疗资源进行大力的整理以及开发利用。因此，加大对壮族医药及壮族医药文化人才的培养，就显得尤为重要。

加强壮族医药人才的培养，可以通过各种教育的方式开展。例如可以开展壮族医药高等教育或选拔一批热爱壮族医药事业的人员，举办壮族医药及文化培训班等多种形式，让他们在各县、乡开展壮医辅导和传授工作，使壮族医药知识普及到农村，让壮族医药从群众中来，又回到群众中去。要加强对壮族医药民俗中优秀成果的扶持，加强对民俗传承人的培养，使他们后继有人。只有这样，壮族医药才能继续得以生存，才能具有更为顽强的生命力，才能继续为广大的壮族人民解除疾病的痛苦。

应该培养一批从事壮族医药及壮族医药文化研究及开发利用的专门人才，为壮族医药文化的开发利用提供人才支撑，这对促进壮族医药文化面向全国、走向世界将会产生重要的意义。

第二章 广西瑶族医药文化

瑶族是中国最古老的民族之一，是古代"九黎"的一支。瑶族在中国南方分布最广，分布在广西、湖南、广东、云南、贵州和江西6省的130个县，其中最多的是广西。瑶族是一个从游耕到定居、不断迁徙的民族。在长期的历史发展中，由于居住分散，虽然形成了语言差异大、风俗习惯不同、有不同的自称和他称的特点，但是他们始终都认为自己是瑶族，所以，瑶族是一个由不同的支系构成的民族共同体[1]。学术界一般按所操语言的不同，将瑶族划分为四大支系：盘瑶支系（勉语）、布努瑶支系（苗语）、茶山瑶支系（侗水语）、平地瑶支系（汉语方言）[2]。在广西，瑶族各分支主要集中在金秀、都安、巴马、大化、富川、恭城6县；其余的分布在其他城市和地区。

目前在上述6县中，有5个被授予"中国长寿之乡"的称号。在瑶族漫长的民族历史中，可以找到瑶族先民的活动痕迹。清嘉庆十五年，居住在现广西宜州的瑶族人蓝祥在他142岁寿辰的时候收到嘉庆皇帝给他的嘉奖诗，并赐予他六品顶戴[3]。巴马瑶族自治县以长寿而闻名。早在1982年的统计，该县24万人口中，100岁以上的老人有50人，长寿老人中瑶族有34人，而以巴马、大化、富川、恭城、金秀为代表的"中国长寿之乡"则是瑶族长寿养生文化的典范。《广西"十四五"

[1] 奉恒高．瑶族通史[M]. 北京：民族出版社，2007:4.

[2] 奉恒高．瑶族通史[M]. 北京：民族出版社，2007:4–6.

[3] 韦标亮．布努瑶社会历史[M]. 南宁：广西民族出版社，2010:373.

文化和旅游发展规划》将恭城瑶汉养寿城纳入首批健康旅游示范品牌培育名单，推动大健康产业发展，为繁荣旅游产业提供有力支撑。

第一节 广西瑶族医药文化认知

广西地理资源丰富，有桂林山水、北部湾、巴马长寿村，有独特的民俗文化，有以壮族、苗族、瑶族为代表的健康医疗文化。此外，中国 50 个长寿村中有 26 个位于广西，其中最著名的是巴马长寿村。《广西“十四五”文化和旅游发展规划》提出要加快建设巴马国际长寿养生旅游胜地，培育特色鲜明的健康旅游产业功能区，推进深圳巴马大健康合作特别试验区建设，继续办好中国—东盟传统医药健康旅游国际论坛，发展主题文化演艺、康养休闲娱乐、民族工艺品、长寿文化会展等文化产业，打造世界长寿文化交流合作中心和国际知名、服务一流的长寿养生旅游胜地[1]。

一、瑶族医药文化

瑶族文化是由当地民族特性结合起来形成的。医药结合是瑶族医药的特点之一，俗话说：行医而不识药则医不灵，采药而不懂医则药无效[2]。瑶族医药是民族集体智慧的结晶，其民族价值是无价的。

（一）瑶族医学理论的特点

瑶族医学主要以“三元和谐论”“盈亏平衡论”“气一万化论”为理论核心，“三元和谐论”在于协调天地人三者的平衡；“盈亏平衡论”强调人体本身的内部调节；

[1] 广西壮族自治区人民政府办公厅 . 广西“十四五”文化和旅游发展规划 [EB/OL].(2022-01-14)[2023-02-26].http://www.gxzf.gov.cn/zfwj/zzqrmzfbgtwj_34828/2022ngzbwj/t11144977.shtml.

[2] 潘小慧 . 瑶医药文化旅游研究 [D]. 桂林：广西师范大学，2018.

"气一万化论"强调气对于天地万物的重要性[1]。

（二）瑶族对病因的认识

瑶医认为，疾病与自然环境的影响、事故造成的创伤、饮食不规律、压力大、房事不节，或先天性基因异常密切相关。

1. 自然环境的影响

人类生活在自然界，自然界的气候或环境变化必然会对人体产生直接或间接的影响。当气候发生异常变化时，或卫生条件不健康时，势必会导致人类产生疾病。瑶族先民生活在山林中，环境和条件恶劣，而自然界的风、寒冷和潮湿常常导致人类疾病。瑶医认为风可以分为三种类型：冷风、热风和水风；寒分为内寒和外寒；湿分为风湿和寒湿。同时，风、寒、湿没有更严格的区分；尤其在寒冷的山区，往往风、寒、湿三者或其中二者都是伴生的病因，因此，瑶族人民创造了有几百年历史的"庞桶药浴"和"端午药市"，以治疗由风、寒、湿引起的疾病。

2. 劳累过度

瑶族人民过去生活极其贫困，常常为了生存而超强度工作，为了避免战争祸乱，他们遁入山林；先民就在风餐露宿中选择在山间丛林里重建家园，久而久之，身体羸弱、食欲不振，易患"伤力病"。

3. 意外伤害

瑶族人民多生活在深山峻岭中，常常遭受毒虫叮咬、猛兽侵袭，或农具操作不当、不慎跌倒等损害所带来的皮破肉裂、大出血、骨折，或感染破伤风、中毒及狂犬病，这些经常导致他们的身体活动能力丧失，甚至威胁到生命安全。

4. 饮食不规律

在瑶族古语中，有"人食五谷生百病"一说，"五谷"一词指的是一切的食物。

---

[1] 潘小慧．瑶医药文化旅游研究 [D]. 桂林：广西师范大学，2018.

瑶医认为,凡是吃食物无节制、吃生冷食物或吃不干净的食物的人都会引起疾病。

5. 房事不节

瑶医认为,夫妻同房生儿育女乃生活大事,但房事应有节制,否则会引起疾病,例如“月痴”,即因妇女产后恶露未尽而行房事所致的身体久不康复、头发稀疏、厌食的妇科疾病。

6. 情志

情志活动是人体对外界环境的一种生理反应。它主要指一个人的喜、怒、哀、乐。瑶医提倡喜乐有度,悲哀有节,从而保持人体的健康和舒适。如果情志活动失调,势必会引起一些疾病。

7. 先天禀赋不同

瑶族医学认为,由于先天基因分配的不同,人的身体素质也有差异,不同体质的人容易患不同的疾病,所以在瑶族医学中流传着“百人生百病”的说法。

(三)瑶族的诊断方法

瑶医的传承是通过师父口口相授给徒弟的方式。因此,即使师出不同门,但在一般的疾病的诊断中,基本诊断方法为医生通过眼看、耳听、鼻闻、口问、手摸等方法询诊望症,结合天气条件、地域环境和其他条件综合诊疗,分辨所属何种病症。

由于缺乏现代医疗设备,瑶族医学非常强调观察病人表面病理特征,这是瑶族村落实行的一种诊断方法。瑶族的治疗方法有很多,但大体分内服和外用两种。内服疗法包括服用草药和煮水饮用。最常见的外治法有:洗浴、刮痧、附子、刺络、吸盘、蛋灸等。

(四)瑶族医学的疗法

瑶族医学是一门实用的医学,有着悠久的传统,治疗方法多种多样。

1. 常用的内治法

通常在内治法中以内服药物为主，它是瑶医诊所各科中较为常见和普遍的一种治疗方法，其根本功能是利用药物根除疾病，纠正身体偏胜偏衰的病理现象，恢复或重建协调内脏功能，在较大程度上达到其正常状态。

2. 注重饮食疗法

饮食疗法，经济实惠，简便易行。瑶医注重食疗，常采用谷类、水果、菜肴、鸡、鱼、肉、蛋等食物，或配合少量药物治疗疾病。例如，用柑橘汁和人参蜜治疗哮喘；荞麦三七同煮鳝鱼治疗肺痈吐脓血；花椒、龟肉和炖猪肚治疗虚寒和胃痛等。

3. 多种多样的外治法

外治法是瑶族医药中最重要的治疗方法之一。除了外敷药物治伤外，所采用的方法多种多样。有以下几种方法：

（1）药浴法：用几种相应的药物煮水洗澡，以预防和治疗各种相应的疾病，如瑶族的“庞桶药浴”。

（2）灸法：灸分烧灸法和天灸法。

①烧灸法：将艾叶捣绒，制成艾条、艾柱，在体表的穴位上烧灼熨烫，也可用其他药物捣绒进行烧灸。

②天灸（药灸）法：用有刺激性的药物敷贴于穴位的治疗。例如治疗偏头风。

（3）推抹法：类似于中医的平推法。其方法是徒手或用湿手粘药在病人的手指、手掌、上肢、胸腹、背部或特定部位，自下而上用力推抹。此法有疏通经络、行气消肿等作用，主要用于治疗小儿疾病。

（4）热敷法：根据保温材料不同分热灰法和热盐法，此法具有散温驱寒、活血祛瘤的功效。

①热灰法：分扑碗法和布包法两种。扑碗法：将热灰（主要是柴木灰）适量置

于碗中，再用一条湿毛巾盖在碗上面，将碗口倒扑过来，包好碗口，把毛巾角打上结，令患者仰卧，将碗置于患者腹部，医生持碗在患者腹部从上到下、从左到右来回推熨。如治疗腹部的痧（痧气）等。布包法：湿毛巾包裹适量的热木灰，敷于脐部。如用于治疗腹泻等。

②热盐法：将热食盐适量炒熟，用布包敷肚脐，用于治疗寒泻等。

（5）蛋液法：将禽蛋（多为鸡蛋）与药共煮至熟，取蛋放在患处，连续来回滚动15~30分钟，然后打破蛋壳。据说蛋清有紫黑斑，说明毒气已被鸡蛋吸收，可达到治病的目的。

（6）内病外治法：人体是一个有机整体。外在的皮肤和内在的脏器通过经络进行沟通。因此，内服药可以治疗外部疾病，外用药也可以治疗内部疾病。瑶族医学不仅重视内部治疗，而且重视疾病的外部治疗，在内部和外部治疗方面积累了丰富的临床经验。常用的方法是在某些穴位或部位涂药。例如，治疗头痛，用老槐木、艾叶、皂角（煨）捣烂敷两侧太阳穴及头部。治疗偏头痛，用当归、野菊花捣烂，用盐水拌匀，敷痛处。

（7）发疱疗法：将地下明珠捣烂，外敷于疼痛的关节部位，有水疮发出，治疗各类风湿性关节疼痛。

（五）瑶医用药的特点

瑶族的药物大多是新鲜的，通常不需要炮制就直接服用。瑶族医药认为，暴晒容易使药物失去原有的药效。不同瑶族的瑶药叫法不同，用药方式也不同，但相同的是治疗时根据药物形状、味道、功能和效果等特征，归结为独具一格的"虎、牛、钻、风"等，瑶族抓药的特点是不讲究精确计量，一般凭经验取一撮，其药物形式主要有：（水）煎剂、酒剂、丸剂、搽剂、外敷剂、熏洗剂（淋浴剂）、药膳剂、传递式等等[1]。瑶药对治疗疾病非常有效。妇女分娩时，母亲和婴儿可以进行药浴；1周后，母亲可以恢复健康，甚至可以爬山、干农活。

二、瑶族医药文化类型

1. 宗教信仰中的瑶族医药文化

瑶族地区经济基础相对落后，在贫困的生活中人们将自己的精神寄托在所谓的“神灵”“鬼魂”上，瑶族大部分信仰道教，医巫同源是瑶医文化的一大特征[2]。古代的瑶族先民生病了首先求救的是巫师，而不是医生，他们会请巫师来家里“做法”“请符”等[3]。瑶族人的宗教信仰大多是通过他们的师公来实践的；在社会生活中，他们的师公具有祭司的地位。以前老瑶医在行医之前，点香“请神”，请求“神灵”帮助查找病因，有的甚至一定要念咒语，这听起来似乎很荒唐，但从医学和心理学的角度看，这样的做法其实可以让病人能够得到所谓的精神寄托和希望，让他们不过多地在意病情的发展，使他们在治疗时能达到身体的放松和愉悦，从而使药效能得到更好的发挥[4]。

2. 饮食中的瑶族医疗文化

由于地理位置的原因，瑶族人主要以红薯、玉米、芋头、小米等粗粮为生。瑶族的长寿者较多。瑶族人有吃瑶药膳的传统。所谓瑶药膳实际上是瑶药的另一种形式，分别用猪蹄、猪心、猪肠、猪耳朵、猪肺、猪肝、鸡肝、鸡肉、鸡蛋、牛尾等与草药一起熬煮食用，瑶族认为这将产生更好的医疗效果。为消除肠道寄

---

[1] 田华咏，田药．苗瑶语民族医药文化探源 [J]. 中国民族医药杂志，2006，12(5):1-3.

[2] 董明姣，钟振国，李学坚．论瑶医药文化的传承与保护 [J]. 广西中医学院学报，2007(4):71-72.

[3] 田华咏，田药．苗瑶语民族医药文化探源 [J]. 中国民族医药杂志，2006(5):1-3.

[4] 董明姣，周霞，钟振国．试论瑶族宗教仪式中的瑶医药文化：以广西恭城势江源瑶“还盘王愿”仪式为例 [J]. 中国民族医药杂志，2009，15(8):1-3.

生虫，金秀县茶山瑶民于每年的三至五月采摘一种植物叶子，与磨碎的糯米、白砂糖搅拌制成糍粑，被称为“药粑”，老少妇孺皆乐于食用。现在，在金秀县瑶医院的大厅里，时常有一种具有清肝利胆效果的免费茶供人们喝。

3. 民俗中的瑶族医药文化

瑶族人有泡药浴的习惯。他们将全身浸泡在装满药水的水桶里，药水会促进血液循环，使全身通畅，预防疾病，排除体内的湿气。泡药浴在妇科病、风湿病、关节痛、腰肌劳损、感冒、皮肤病等方面效果显著。瑶浴是他们与疾病斗争的宝贵资源。瑶族农历六月初六，人们要过“晒衣节”。山上雾气弥漫，空气湿冷，易患风湿和皮肤病。晒晒被褥，有助于避免细菌滋生，达到保健的效果。瑶族很多地区的红白喜事，受邀的老者生病时都会自备餐具，如若忘记就用芭蕉叶代替餐具，在芭蕉叶上盛饭菜，同来的其他人不会带歧视的眼光对待他们，反而会热情地将餐桌上的菜肴分给老者，这种分配方式，意味着瑶族人早已懂得“病从口入”；他们火葬的做法也为防止疾病的传播提供了很好的保障。随着“旅游 +”和康养旅游市场的发展，瑶医药文化带动了包括瑶药治病、种植、瑶药民俗、瑶药种植基地旅游以及瑶族村落观光旅游产品等项目的蓬勃发展，逐步形成瑶族医药康养旅游与周边商品购买交汇。

三、瑶族的“庞桶药浴”

瑶族是一个迁徙的民族。瑶民在耕种时，“唯恐钻山不深，入林不密”，出现了“无山不有瑶 ”的局面。因此，瑶民利用瑶族特有的生态特点，将防病、治病、养生结合起来，形成了用草药沸水浸泡的“庞桶药浴”养生方法。

相传，瑶族的祖先盘王兄妹在滔天洪水淹没整个村寨和田园时，他俩坐在大庞桶内，脱险逃生。后来他们兄妹繁衍了后代，而成为瑶人，所以在瑶家到处可见到用杉木做成的约高 1 米，宽 0.6 米，长 0.7 米的桶，这便是“庞桶”，又称为“黄桶”[1]。无论三九还是三伏，过山瑶民众每天晚上都浸泡在“庞桶”里以温水解乏，舒展毛孔，清洗污垢。冬天泡完澡后，更能抵御严寒。瑶医在过山瑶这一良好的生活习俗上，充分利用生活中的自然资源，发明了采集药物并煎煮后用药液浸泡擦身的治疗方法，使温度较高的药液接触全身皮肤，让药力通过毛细血管进入体内，达到防治疾病，强身健体的显著疗效[2]。

瑶族人生活在山区，雨水多、日照短、湿度大。瑶族人又常年从事繁重的体力劳动，容易患风湿病、坐骨神经痛、关节痛、腰痛、皮炎、疣疮、湿疹、瘙痒症等。因此，瑶族祖先很早就有泡药浴的习惯，以达到防病健身的目的。劳动一天后，泡药浴，可以消除一天的疲劳，有祛风生津、通经断脉、滑血止痛、祛风止痒、解毒消肿的功效，可以防治风湿病、皮肤病等。妇女生下孩子三朝后均洗药水澡，婴儿洗后免疫力强，产妇 1 个星期即能劳动；艾叶煎水给婴儿洗澡可以防止皮肤病；在除夕夜用葫芦卷须泡水给孩子洗澡，据说可以避免麻疹。瑶族人过端午节，全家用新鲜的草药洗澡，这对预防春季的流行病很有帮助。

第二节　广西瑶族医药文化的传承与发展

一、瑶族医药文化的传承与发展现状

瑶族没有文字，前人积累的经验也很难传给后人。尽管瑶族有时会借鉴汉字，但在保守的封建思想中，他们很难在当地传承瑶族的历史和深厚的文化传统。特别是在医学传授方面，传男不传女，传长不传幼，一些老瑶医在临终前才把自己

[1] 刘育衡，丁锋，朱如彩．瑶族“庞桶药浴”及浴波植物 [J]. 中国民族医药杂志，2001(3):19-20.

[2] 刘育衡．湖南瑶族医药研究 [M]. 长沙：湖南科学技术出版社，2002.

的技术全盘相授，信息一知半解、零落片面，技术转移不彻底是必然的结果。

（一）瑶族医药文化的传承与发展概况

瑶族医药文化形成的原因与各民族医药文化无异，一切都是人们在抵御自然过程中形成的。在这个过程中，不断地融合民俗、宗教信仰、生产生活习惯等因素。可以在这方面挖掘瑶药文化，从而了解瑶族医药文化的历史。

瑶医药行业状况

自20世纪70年代以来，瑶药得到了丰富的发展。如《广西中药志》《广西民族药简编》《广西药用植物名录》《广西本草选编》[1]，这些著作都或多或少地涉及瑶药的制成方法和药理功效；但由于老一辈瑶医的保守观念，对于秘方还是有所保留，瑶药文化的提炼更需时日。

在20世纪90年代，金秀县瑶族地区医院开始设立瑶医诊所。直到2010年，瑶医研究所成立，共编制了11本瑶医培训教材。迄今为止，为社会输送了一批瑶族医疗人才，填补了瑶族医疗领域的人才空缺。当地的瑶医能够考取行医证书，这一举措推动了瑶医医学的合法化和正常化。金秀县有名的瑶医家族覃氏，在北京、黑龙江等地开设了不少瑶医医院，这样瑶医药有了对外宣传和推广的平台和出口[2]。

（二）瑶族医药文化传承与发展困境

首先，瑶医没有文字记载。瑶族人通过口耳相传保留的制药经验，很容易导致瑶族制药经验的流失；第二，传统老瑶医现在已年迈，在没有保护传承机制的情况下，其延续性断层严重；第三，现代医学，特别是西医在瑶族地区的发展，使瑶药的使用明显减少；第四，瑶医药材被大肆采摘，医药资源遭受严重破坏。另

[1] 潘小慧．瑶医药文化旅游研究[D]．桂林：广西师范大学，2018.

[2] 谢阳姣，闫国跃，冯秋瑜，等．瑶族医药传承瓶颈及对策[J]．广西中医药大学学报，2016，19(1):147-148.

外，瑶医药文化的专业型人才匮乏，标准体系尚未建立，且缺少统一的衡量标准，瑶医对外行医并未合法化，瑶药内在质量、产品包装、经营销售方式等还有待提高，瑶医药在发展过程中依旧是摸着石头过河，困难重重[1]。瑶族没有自己的文字和条件来记录他们的医药文化。口口相传无法保证瑶药的准确性，老瑶医只有他们的孩子或媳妇学习，不传外人；老瑶医在其年迈之前才将传承人叫到身边倾囊相授，教授药材的名称、特性、功效、长相等。如果传承人有灵性，老瑶医会更加仔细地教授配药的方法，针对同一个症状，不一样的瑶医有不一样的配方，都有各自最独特的一剂药。

经过不懈努力和研究，瑶族医药取得了突破性进展。广西瑶族医药研发中心将重点研究瑶族医药野生资源的保护和可持续利用。但实现保护和发展瑶族医药文化的现状也很困难。面对失传的威胁，必须转变思路：创新创造有效的"活"的方式来发展瑶族医药文化，消除封建偏见和宗教，保证瑶族医药文化的科学性、市场性和现实性。此外，如何在医药文化的基础上打造民族特色的医药文化旅游体系，成为研究瑶族医药文化产业创新发展的新课题。

二、瑶族医药文化康养旅游发展的可行性分析

随着康养旅游的发展，人们对瑶族医药文化的认识也越来越深刻。瑶族医药文化有着悠久的历史，瑶族的居住环境、历史文化和民俗是瑶族文化的体现。目前，瑶医年龄偏大的现状普遍存在，而且人数不多。也有一些专门机构在研究瑶族医药文化，主要代表是广西中医药大学的瑶医药学院和德坤瑶医药研究院。瑶族医药的深入发展应结合时代定位，走产业化创新的道路，走适应现代市场的道路。基于瑶族文化的科学价值，采用引进人才、技术合作等方法，加强瑶族医药领

[1] 谢阳姣，闫国跃，冯秋瑜，等．瑶族医药传承瓶颈及对策 [J]. 广西中医药大学学报，2016，19(1):147-148.

域的科学性研究，吸引科学人才，增强瑶族医药的可信性。

(一)资源禀赋条件

资源禀赋条件是用于评估旅游资源的内部属性的重要指标。第一，资源的品质。瑶族医药文化旅游产品的开发以瑶族医药的文化内涵为基础。第二，产品的衍生价值。瑶族医药文化资源转化为产品的能力，即科研、健康、经济效益等方面的价值。第三，文化传承的潜力。主要是传承和影响范围，技术革新。文化传承是民族“文化基因”的复制形式，是文化的再生产过程，也是民族群体在社会中权利和义务的传递[1]。其潜力的大小取决于其在旅游中的应用。第四，医疗条件。作为针对旅游者开发的医疗资源，主要是在医药领域，瑶族医药文化的开发主要集中在健康、营养和保健方面，而医疗材料、卫生工作者的条件、医院的规模和私人瑶药医疗诊所的规模都应被视为不可或缺的因素。

(二)参与的可能性

获得体验是游客在参与旅游活动中回归的本质，他们在感觉器官与思维活动的过程中，对所处旅游环境与过程经历的体验[2]。这可以从两个角度进行：第一，目标群体。瑶族医药文化旅游，对一些特定人群来说，显然不是一般的大众旅游。第二，游客体验性。参与方式的多样性可以引发游客对瑶族医药的兴趣。在旅游参与过程中，游客体验的满意度会影响口碑、忠诚和重访[3]。

(三)旅游地开发的条件

旅游地开发的条件包括旅游开发外部资源的物质条件和软条件。第一，旅

[1] 赵世林．论民族文化传承的本质[J]. 北京大学学报(哲学社会科学版)，2002(3):10–16.

[2] 龙茂兴，喻彩霞．刍议遵义打造红色休闲之都[J]. 遵义师范学院学报，2010，12(6):77–79，92.

[3] 马天，李想，谢彦君．换汤不换药？游客满意度测量的迷思[J]. 旅游学刊，2017，32(6):53–63.

游的经济条件。经济基础决定上层建筑，投资环境的优劣能够影响旅游投资的多少，旅游收入的高低间接反映该地的旅游人数、人均GDP、物价水平等经济指标[1]，是一个地方旅游发展潜力的体现；旅游产业规模是一定时期一定区域层面上的旅游产业的资本存量，它一方面标志着旅游产业自身的发展格局，另一方面也标志着旅游产业与其他产业的匹配发展[2]。第二，旅游的环境条件。这些环境条件仅指自然条件、气候条件。同时，气候条件也影响着适游期的长度和利用程度，包括与健康、卫生密切相关的条件，如含氧量、水生环境和物种覆盖率。第三，旅游的社会条件。一是交通区位条件，这种严格的条件是发展民族医药旅游的一个重要因素，交通条件决定了游客的可进入性，也关系到瑶族医药文化的关联程度。二是住宿条件，这属于物质条件。这个指标的提高实际上是为了确定旅游产品的开发规模，这必须考虑到很多因素。三是旅游从业人员的素质，反映了该地区整体的旅游形态和专业水平，影响到旅游发展的规模和专业性。

---

[1] 王占祥 . 我国国内旅游收入的影响因素分析 [J]. 商场现代化，2008(36):239.

[2] 王云才 . 可持续旅游发展的区域产业合理规模探讨 [J]. 地域研究与开发，2000(4):75-78.

第三章　广西苗族医药文化

广西苗族主要居住在融水、隆林、三江、龙胜4个自治县，广西苗族自称“木”“蒙”“达吉”，他称有偏苗、白苗、红苗、花苗、清水苗、栽羌苗、草苗等。融水苗族自治县2020年入选“第二批国家全域旅游示范区”名单，2022年获“中国天然氧吧”称号。龙胜各族自治县是山区少数民族自治县，自然景观独特，民族风情浓郁，是国家级生态建设示范县，入选2020中国春季休闲百佳县市。隆林各族自治县境内民族风情多样，被誉为“活的少数民族博物馆”。

第一节　广西苗族医药文化认知

任何一种民族文化都对人类自身的疾病与健康予以关注。这种关注昭示着人类对于提高自我生存能力的渴望。因此，人在与疾病抗争、消灭疾病以实现人类正常生存繁衍的过程中，建构了丰富多彩的医药文化，形成了独具特色的民族医学体系。苗族医药形成于元明时期，是我国传统医药宝库中的一个重要组成部分。苗族医药具有悠久的历史和广泛的应用基础，素有“千年苗医，万年苗药”和“三千苗药，八百单方”之称，对许多常见病和疑难病具有独到的疗效。

一、苗族传说中的医药文化

医药作为苗族文化一个十分重要的部分，由于外人的不了解，被渲染上了许多神秘的色彩。然而苗族医药在事实中“真实”的存在又是什么样，当地人又是如何看待和运用苗族医药的。笔者认为，就苗族医药的实质而言，苗族医药更应该被看成是医药文化持有者对其所处世界的认识、理解、阐释和表达，是当地人认识世界的一种途径。

（一）历史记忆中的医药文化

要了解某个民族的医药文化，首先要了解这个民族对于一些问题的基本看法，如“人是怎么来的”“人的肉身和灵魂是怎样的状态”。了解这些问题的基本看法，有利于正确认识民族医药中的特殊治疗行为，而不会以“巫术”来一概论之。

1. 苗族人类起源传说

苗族关于人类起源的传说大致可分为两类，一类是湘西苗族地区流传的《龙人》传说，一类是黔东南地区广泛流传的《枫木歌》。

湘西苗族地区流传的《苗族古歌》中的《龙人》是这样述说人类起源的：在远古时期，江河湖泊没有游鱼，陆地没有爬虫走兽，后来大地才出现万物，天空有了飞鸟，江河有了游鱼。又过了很长时间，大地上出现了“龙首人身”的乌基、代基。后来“龙人”演化成人，而人类的男女始祖叫“洛保造”和“闷造冷”，后来又生养“阿剖抖炭”和“阿娘抖滩”，分别为“男国王”和“女国王”。男国王生豆奈，女国王生旺几，豆奈生奶归，旺几生玛光。奶归、玛光生育仡雄、仡夷和代扎代坎，即苗人、彝人、华夏人（汉人）。奶归、玛光即辛女、盘瓠，他们是苗、彝、汉各族的共同祖先[1]。在人类起源的问题上，湘西的苗族先民有一种朴素的进化观点，龙演变

[1] 伍新福．中国苗族通史 [M]．贵阳：贵州民族出版社，2000:75.

成人的观点则是苗族图腾崇拜的反映。苗族崇拜龙，认为龙是吉祥的象征，能给人带来好运和安康。广西融水苗族会举行“安龙”祭祀，祈求龙神保佑全寨安宁、风调雨顺。他们将龙神安于村寨前的土坪上，每年阴历二月和八月，每家都派人前去祭祀。

在苗族地区广泛传播的《枫木歌》共1700行，分为《枫香树种》《犁东耙西》《栽枫香树》《砍枫香树》《妹榜妹留》和《十二个蛋》，其中就有关于人类起源的记载：远古大地上只生长着一棵树，即枫树。后来，树根变成泥鳅，树干上的疙瘩变成猫头鹰，树梢变成鹡宇，树干生妹榜，树心生妹留。所谓“妹榜妹留”，在苗语的意思是“蝴蝶妈妈”。《枫木歌》这样唱道：

砍倒了枫树，变成千万物，
锯末变鱼子，木屑变蜜蜂，
树心孕蝴蝶……榜略和泡沫游方，
他们后来配成双，榜略嫁去多少年，
嫁去十二年，生十二个蛋，
子时生尕哈，丑时生姜央，
寅时生老虎，卯时生雷公，
辰时生水龙，巳时生长虫。[1]

从《枫木歌》的记述中可看出，苗族实际上认为自己的始祖源于枫木树。在苗语中，“一棵枫树”，同时就含有“一个祖先”“一根支柱”的意思。湖南城步苗族有祭“枫神”、为人驱除疫鬼的习俗。

2. 苗族灵魂观和万物有灵观

苗族先民信仰多魂，认为人死后有三个魂，甚至五个魂。这种观念常常反映

[1] 杨通江．苗族歌谣文化 [M]. 南宁：广西人民出版社，1992：91.

在苗族的古歌和巫词中，世代相传。如在丧葬时巫师唱的《焚巾曲》中，巫师引导亡人的三个灵魂（苗语称“宝浓”），一个留家中，受香火供敬；一个守坟地，看自己的骸骨；一个去野外，在路边找吃的。黔东南丹寨县苗族流传的《哭丧歌》说：人有五个灵魂，走到五岔路口，五魂就走五边。一个灵魂沿着迁徙路线去祖居地同先人团聚，一个去赶场，一个去田坝种庄稼，一个去踩鼓堂吹芦笙，剩下一个去天堂[1]。苗族崇信鬼神，并且鬼和神的概念很难区分，苗语中只有“滚”这个词，即鬼，在苗语的词汇中缺乏“神”的用法。在苗族的观念中，鬼的种类很多，包括祖先亡魂、各种精灵等。鬼与鬼之间起先并无贵贱尊卑之分，只是家族内的兄弟关系，后来才有了“善鬼”和“恶鬼”的区别。通过仪式，可以取悦善鬼，驱赶恶鬼。

对于苗族人来说，万物皆有灵性。苗族地区流传的《开天辟地歌》中的《运金运银》歌中的金、银、龙、鱼、螃蟹、马蜂等，有人一般的思想，与人生活在一起，帮助人或者与人为敌。在苗族先民的思想中，万物是有灵性的，与人一样。正是“万物有灵”的观念，苗族先民赋予这些物体以灵性；也正是因为有了灵性，这些物体有了治疗疾病的功效。这种万物皆有灵性、皆可治病的观念，在民间就演变为凄美的苗药传说：

从前，苗山里有对老夫妇，他们生了七个生龙活虎的儿子和一个如花似玉的女儿。有一年，山沟里突然出现了一条大蟒，不管白天晚上，见家畜家禽就咬，见人就吃。吓得村上家家关门闭户，不敢外出，过着提心吊胆的日子。日子一久，粮食吃光了，柴火烧没了，全村人饿瘦了。这七个兄弟为了全村的平安，要去杀死大蟒，可他们先后都被大蟒吃掉了。最后，妹妹也要去杀大蟒，决心要为七个哥哥报仇，为乡亲们除害。两位老人死活不让妹妹再去送死，紧紧抱着女儿不放。半夜时分，趁着爹妈熟睡之机，她拿了一把大刀偷偷跑出门，匆匆往山里奔去，刚跑到

[1] 伍新福．苗族文化史 [M]. 成都：四川民族出版社，2000：205.

山口，看见一位白发苍苍的老公公向她迎面走来，给她一件用绣花针编织成的衣裙，她穿上衣裙，跑进山去，突然看见大蟒张着血盆大口朝她扑来，一口便把她吞了下去，不久大蟒就在山沟里翻上滚下，到天亮时就死了。后来就在大蟒死的地方，长出一种由七片叶子托着一朵花的植物，人们用其治蛇伤，很快就能去毒消肿。据说，这种植物就是老夫妇俩的七个儿子和女儿变成的，人们就把这种草叫“七叶一枝花”，人们世世代代用它来治蛇伤[1]。

（二）“药王”传说

生老病死乃人之常态，苗族人也不例外，且苗族人多生活在山区，道路难行，深受猛兽虫蛇的侵害。在与疾病斗争的过程中，苗族人想象，在苗族地区有一位神通广大的“药王”能治病救人、教习药方，使苗族人免受疾病的困扰。那么“药王”是谁，“药王”是什么样的人，苗族人如何看待“药王”。

行走在苗族地区的“药王”，有的地方称他为药王爷爷，有的地方称之为母药王。但不管是哪样，都不影响苗族人民对“药王”的崇敬。在安陲乡的民间，大家把“药王”称为“务努林”，即药仙婆，在中秋节的时候苗医学徒都会祭药仙婆。

“药王”风餐露宿寻找药方，才能使苗族人识得“三千苗药，八百单方”。“药王”的传说，展示了原始苗族医药文化的形成过程。其实，传说人物中是不是真正的“药王”，已经不再重要。重要的是，“药王”是苗族民间世代相传的苗医始祖，他为苗族医药的创立著有不朽之功，是我国民族医药学的代表和医药文化的象征。

二、苗族医药的文化认知

“在任何时代，医学都是主流文化特征复杂而敏感的指示器，因为人类在不舒

[1] 讲述人王志德，杆洞乡高培村人。引自《融水苗族自治县非物质文化遗产普查资料集》。

服的威胁和现实行为面前，必然是以他们对自己和宇宙的观念为基础的，发展出与盛行的世界观有着不可分割、相互联系的医疗体系。”[1]任何一种民族文化都对人类自身的生与死的意义予以关注。这种关注昭示着人类追求健康，提高自我生存能力的渴望。因此，人在与疾病抗争、消灭疾病以实现人类正常生存繁衍的过程中，建构了丰富多彩的医药文化，形成了独具特色的民族医药。

（一）苗族医药所体现的生命观

生命观是了解医药理论的知识背景，因为，在诠释医药理论的体系中，生命观担承着“深层结构”的角色。显然，生命观是生命现象经由人类的社会实践过程而在人脑中形成的。由于不同的人类集团在各自的历史进程中所处的生境不同，加上人类本身就存在着认知方式上的差异性与多样性，使得不同的民族（族群）有着不同的生命意识。我认为，对苗族医药的解析，离不开对这一族群生命观的探讨。

1.“三界”说

苗族医学把人体从上到下划分为三个主要功能区，称之为三界，即树界、土界和水界。树界是指锁骨以上部位，包括头部和颈部；土界指颈部以下至肚脐以上的胸腹部；水界则是指人体肚脐以下大腿以上的下腹部。

“三界”说在苗族医学理论中，用以解释人体各部位之间的关系，指导临床行医用药。如同树在自然界生长，需要土的滋养、水的滋润一样，人在世间生活，也离不开其他事物的滋养。“三界”说是把自然界中树、土、水三者的作用和相互关系巧妙地用于说明人体三大功能区域的主要作用和相互关系，它是苗族人民朴素的自然观和把生命与环境生态紧密联系的生态观的思想体现。

[1] 乔治·福斯特. 医学人类学 [M]. 陈华，黄新美，译. 台北：桂冠出版社，1992：58.

2. 类植物生命观

苗族是较早进行农业种植的民族之一，在长期的劳作过程中，苗族人民感受到植物的生长、衰亡，苗族人民把身体与自然界的植物进行类比，“三界”说把人体的各部位与自然界的树、土、水联系起来，人的生命也如同植物的生命一样，会遭受“虫”的侵扰，这是苗族人生命观的体现。

1）苗族医药理论是类植物生命观的衍生

苗族的生命观，是一种类植物形态的生命观。苗族的生命观，将人的生命历程，同植物生命形态及其生命繁衍的自然规律进行类化，即“苗族元哲学中的生命概念，是从植物的孕育、生长、成熟、患病或遭灾、受害、衰老、死亡等过程中进行类化总结出来的，这些观念与逻辑是植物生命的一种转述”[1]。即人类的生命形态像开花结果不断繁衍的植物，人的生、老、病、死，繁荣与衰败，都如同植物的生命历程。苗族对人类生命机体被疾病入侵导致生病乃至死亡的理解，受到了植物被虫类入侵而枯死的生活经验的启发。

这种类植物形态的生命观的表现，在苗族医药个案中不胜枚举。《刀刃上的舞蹈：黔东北苗族履刀绝技的人类学调查》一书中介绍：“我族下有个二公叫滕凤升，民国时当过乡民代表，懂得不少苗药，尤其擅长‘儿科’。寨里谁家的小孩‘不清楚’（生病）都是请他给‘打扮’（方言客话：诊治的意思）。他会‘打扮’的毛病有小儿肺炎、暗疱、惊吓失魂、跌打损伤、肚子痛、脑壳痛、眼玉子、腹泻等等小儿常见病。他给人‘打扮’疾病从不收钱，懂事的人家一旦有酒有肉的时候都会请他去吃。但要请他治病必须带写香纸去，不管‘打扮’什么毛病，也都要烧点香纸才用药，有些甚至不用药，念些口诀咒语，毛病就奇迹般地好了。他治疗肺

[1] 麻勇斌. 贵州苗族建筑文化活体解析 [M]. 贵阳：贵州人民出版社，2005：301.

炎的方法很特别，这种土方法苗语叫 noul badbeus（意译：捉蝴蝶）。他先是在你的胸口檫上桐油，点燃一盏桐油灯在你的胸口照来照去，然后用火苗往年稚嫩的皮肤上燎过来燎过去，像是追逐一只翩翩起舞的蝴蝶，说是烧‘蝴蝶鬼’。说来也巧，这肺炎被他这样‘打扮’一两次，也竟然好了起来。这个我有亲身体验，并且不止一次。”[1]

这里所展现的治病过程是一个生活经验中的捉蝴蝶过程，是基于拟生命体（蝴蝶）入侵肺部导致疾病产生的认知逻辑而发生的医疗行为，拟生命体入侵肺部，就如同虫入侵植物，要设法把虫捉出来。

从以上个案可以看出，苗族对疾病的诊治并不是根据什么阴阳五行理论，而是基于身体生病，是因为受到拟生命体的入侵的理解。这种理解是对植物生命性征认识的类化，正如一棵树枯干，是因为被虫咬空了“内脏”而导致枯萎、死亡。

在苗族医疗行为中，苗族医药持有者善于借助对药的形态或物理属性所产生的意象建立医药逻辑，它依然贯彻着“拟生命体入侵是导致人体生病”的医药逻辑，并在此基础上进行医药实践。例如，苗族人用猫爪刺来解毒。猫爪刺因其刺为倒钩，形如猫爪而得名。这种药可用于解毒，药理是催吐。一般的食物中毒，只要及时发现均可用此药。用药时只需取这种药的叶子捣烂，将药汁和淘米水一起服用即可催吐，从而起到解毒之效。若有绿豆，则与绿豆一起捣烂服用，其效更佳。猫爪刺这种药之所以被苗族人联想到可以用于催吐解毒，乃是基于对这种植物刺之形态为“倒钩形”的启发，因为倒钩之形使人想起可以将毒物钩倒回来。

[1] 滕继承．刀刃上的舞蹈：黔东北苗族履刀绝技的人类调查 [M]．贵阳：中州古籍出版社，2004：8.

苗族医者在这样的逻辑联想上进行医药实践，结果是有效的，从而沿用至今，这种用药方式在铁渣治水肿病医药个案中同样可得到阐明："在读中学的时候，笔者曾经因患过一次胃大出血而住院休学。由于失血过多导致极度贫血，还诱发了浮肿。在住院一个多月期间输过一次血。后经松桃苗族自治县人民医院抽血化验，发现红细胞的含量没有丝毫增加，而且浮肿趋势日益严重。经过各主治医师的会诊，笔者那时被确定为'再生障碍性贫血'或'慢性白血病'。在会诊结论的化验单上，这两个带有判死刑的病名上还打上'？'。显然，松桃苗族自治县人民医院对此似乎已无能为力，还悄悄地告诉我的父亲这一不幸的消息。于是，我只好回家用苗族药来治疗。回家后，我的父亲找到那时还健在的唐家寨老苗医隆昌云（当地人称之为'望贬'）。他听了我父亲关于我的病症的情况的描述后，就断定我的病是 huangx njongs（音译：黄肿），还开了处方：干燥的刚出炉铁渣和皂矾，并叮嘱好服法。父亲遵照处方单到松桃县城购得皂矾，又到打铁铺找到了铁渣。回来将铁渣磨筛成细粉与皂矾粉拌制成黄豆般的药粒，并用干净的超薄白纸包好。叫我用米汤水送服，每次三粒，每日三次。一个星期后，全身的浮肿消了，脸渐有血色。坚持服半个月后，该病奇迹般的痊愈了。"[1]这种病应该是严重缺铁性贫血诱发的浮肿。苗医用铁渣来治疗这种浮肿，应该是基于干燥的出炉铁渣能吸水的启示。苗族人善于从对事物的"物理属性"的意象中获得类比，并以此建立相应的认知模式，作为苗医药理论所遵循的基础。

2）类植物生命观在民俗活动中的体现

苗族中流行的"栽花树"习俗，正是类植物生命观的体现。在苗族地区，有小

[1] 麻勇恒．苗族生命意识衍生的医药逻辑诠释：以东部支系（湘西方言）苗族为例[J]．贵州民族学院学报，2009(5)：130–134．

孩的人家，为了让小孩长得顺当、健康，都要在家里的堂屋中柱立一根连根带枝叶的完整的竹子，其下有的还摆一张两脚小木凳，竹子上挂着一小布袋，内装一点米和钱，表示供养“花树”。其意义是竹子的特性表达蓬勃生机、节节高的生命之义。“栽花树”这种仪式一般选择在农历二月、三月或十月进行，趁竹子生发笋子的时候去挖取竹子，笋子的生发即象征生命的生发。栽好“花树”之后，逢年过节用酒、肉、饭等敬供，这样一直到孩子长大成人结婚生孩子为止。此外，黔西北地区也有“栽花树”的习俗，目的在于求子，也含护佑生命之意。在黔西北苗族聚居地区，每年正月、二月或五月举行“跳花坡（场）”的活动。“跳花坡（场）”的那天，先要在活动场地中央土坛上栽一棵“花树”（即新砍来的小树或竹子）。这棵“花树”由设立“花坡（场）”的那个村寨中想生育一个孩子的人家来栽，每年轮换。“花树”上装点有一束红线或色线球的花带之类的东西，跳完“花场”后，场上的人可讨取这些装饰，其功用与栽花主人一样，想生育的可得到生育，不为生育的，可护佑生命得到吉祥[1]。

透过对上述苗族医药个案及相关的文化现象的注解，可以说明：苗族医药有着自己的文化逻辑，这种逻辑展现了苗族类植物生命观下衍生出的特有认知模式。苗族语言中所体现的植物性状，是苗族类植物生命观的反映，同时，也是苗族人对自我的认知和其生命意识的自我脚注。

人类对自我生命的认知与注解，依托于对拟生命体的理解。正如判定一个物体是“运动”或是“静止”必须取另一物体为“参照物”一样。从这个意义，苗族将对植物生命性征的理解，视为对自我生命理解的参照，经“类化”过程而实现对自我生命的认知。这一认知过程包含着对自我与他者的分类与辨析，亦包含着生

[1] 陈明春. 关于苗族对生命生殖崇拜的含义 [J]. 黔东南民族师范高等专科学校学报，2004（5）：44–45.

命价值体系的确立。

（二）对疾病的认知

无论任何时代，每一个人都会在不同程度上受到疾病的困扰。疾病构成了人类生存和不断进化中一个古老而永恒的问题。为了战胜疾病的威胁，逐渐形成了一个包括促进健康的信仰、活动、科学知识和该族群成员所贡献的技能的综合体系，这是整个文化的必要组成部分，与文化的其他部分密不可分。不同文化有不同的疾病观，任何一种疾病观都是概念的、知识的构建，是该族群成员认知取向的一部分。

1. 疾病生成原因

医药理论的最根本问题，是回答生命体怎么会生病。中医采用的是“阴阳失和，五行失衡”。而苗族医药传统知识，是与苗族对生命的认识直接关联的。

1）苗族人认知

融水同练乡一带的苗族人，对疾病的生成有两种解释，一种认为疾病是自然现象，如孩子在成长过程中不可避免的长水痘、青春痘；另一种则认为疾病是冲撞了鬼神或犯了禁忌而产生的，如突然身体痛、眼睛发黑、呕吐等突发性疾病。

2）苗族医师认知

苗族医师则认为，日月造化生人，人受命于天，人命与天相关，天为一大天，人为一小天，天变人则变，天地都可以致病于人。这种治病原因的认知符合宇宙“大爆炸”关于大气、生命循环过程中相互对流、彼此辐射的理论。比如说，久晴久雨可致病，偶晴偶雨可致病，寒、暑、风、霜、雨、雪、露、雾可致病；水毒、气毒可致病，劳累房事可致病，生活不当可致病，祖宗神鬼可致病。

①自然因素。苗医认为，四时之气可致病。人类生活在自然界中，自然界气候或环境的变化，必然会直接或间接地影响到人体，若气候异常或环境卫生不良，就会导致人体生病，如阴雨绵绵可使湿邪伤人，又如夏季烈日炎热，易患鱼鳅症等。

②外伤因素。苗族居住的区域多在偏远山区，常会受到毒虫、猛兽的侵袭，或不慎摔跌等伤害而导致皮破肉裂、骨折、出血或感染中毒等，这些常常造成身体病残，甚至危及生命。

③人为因素。苗医认为，日常生活中的许多因素均可致病。如劳累损伤会使其脏、腑、筋骨受损，患者全身性筋骨疼痛、少气乏力食欲不振等；或者房事不节等。

④先天因素。苗医认为，由于先天不同，人的身体素质有所差异，不同体质的人易患不同的疾病，所以苗医中流传有“百人生百病，同吃五谷生百病”之说。

3）致病原理

要了解苗族人对生命本体所赋予的含义，就要掌握这个民族的对于生命体的“共识”：比如《开天辟地歌》中的《运金运银》，这首古歌中的金、银、龙、鱼、螃蟹、马蜂等，有人一般的思想，与人生活在一起，帮助人或者与人为敌。

个例一：在苗族民间，有一种常见病叫“基留”，意思是遭惊吓，致使魂身离开了肉身。这种病，还可以细分成很多种“遭惊吓”。苗医认为，鬼、泉水、河流、山崖洞穴等，都是有生命的，本体生命正是受到了这些拟生命体的惊吓，致使魂身离开肉身。魂身受到了侵害，肉身就会丧失正常功能，导致疾病的产生。

基于这样的认知，苗族人的生老病死的生活习俗就被表述为：人和人，人和物，物和物。因此，苗族人认为生命处于有病状态，一定是受到了拟生命体的侵害。

2. 对疾病的分类和命名

苗族医师中流行着“病有一百单八症”的说法，并将一百单八症分解为“三十六经、七十二症”，或“三十六症、七十二疾”，或“四十九症，四十九翻、十丹毒”。黔东南苗族侗族自治州民族医药研究所的陆科闵就对苗医命名疾病的方法和分类进行了总结，他认为：“苗族医是根据各种疾病的某些共同属性而将疾病进行归类，分为纲、经、症、疾、翻、龟、小儿胎病、新生儿抽病、疔、癀、花、疮、丹、杂病等类……命名的特点是：取类比象命名、以主症命名、以病变部位命名、以病灶色泽命名、病变部位与植物形象结合命名以及以病因命名。”[1]苗医对疾病的认识，形成了“七十二风症”之说。“风症”的“风”并非自然界中的“风”，细菌、病毒感染，受凉，血管阻塞，疲劳等引起的疾病，都可以归纳到“风症”中。

苗医对疾病的命名具有朴素、生动的形象思维特点，他们根据疾病外观，多以动、植物形象、声音、金属色泽等特征来命名。融水苗族地区将“一百单八症”分解为“三十六经、七十二症”，据说这些数字只是为了应一百单八的概念，并非确切的定数。

（三）对治疗的认知

医疗体系作为社会文化适应策略，具有明显的文化特征和社会职能。在任何时代，医药都是文化特征的重要指标，因为在疾病的威胁面前，人的行为必须根植于自我民族所建立的文化概念中。在与疾病长期的斗争中，苗族人总结出

[1] 陆科闵，王福荣．苗族医学 [M]．贵阳：贵州科技出版社，2006：8.

了一套治病的方法，或者用药，或者以独特的医疗行为，驱除拟生命体对身体或灵魂的侵害，来达到治疗的效果。

1. 苗药特点

在苗族医药的治疗中，苗药的使用占据了重要的地位。由于过去苗族无文字，所用药物的种类、名称及药用经验等仅靠口耳相传，只能看到零星的药物散载于汉文抄本中，1949年之后，通过对苗族聚居地区的医药进行广泛的调查、整理工作，苗族药物开始载入全国或地方性的专著。

广西融水地处大苗山，境内的元宝山、摩天岭是大苗山的主峰，适合各种草药的生长，有“广西天然药用植物园”之美称。据有关部门对当地的野生药材的普查，融水县境内的药用植物约194科、1394种，是我国最大的天然药用植物基地之一。这些药材的繁衍，为苗族医药提供了良好的生存和发展空间。

1）苗药的命名特点

苗药多用苗语命名，并且十分贴切。从历代医籍中，可以看到苗族先民对药物命名的痕迹。如长沙马王堆三号墓出土的《五十二病方》中，就有用来治病的“答”，这个“答”，汉语无法解释，而苗语却很了然，现在苗语仍称豆为“答”，可见“答”是豆类植物，是汉语记音词。

2）苗药采用特点

苗医主张用生药，现采现用，原因是生药药性强，见效快。以单验方治病为主，民间有“三千苗药，八百单方”的说法。

“世有百种病，地生千样药”，草药到处都有，随地可采摘，但是其药性和功效各异。苗药的药性、药理有其独特的一面，简练、易学，概括性强。苗医根据药物的特点和药物与四时、气候、环境的关系编排成歌诀[1]：

春用尖叶夏花枝，秋采根茎冬挖蔸。

鲜花植物取花苞，草本藤本全株收。

乔木多取茎皮果，灌木适应用全株。

须根植物地下采，根块植物取根头。

前两句说的是苗医用药的季节性，因为植物在春夏时分，水分上行至枝叶，此时尖叶或花枝的药性较浓；植物在秋冬时分，水分下行入根，此时茎根含药成分较高。这是符合植物生理的。

苗医还根据药物的药性，编成歌诀，以利于鉴别和使用[2]：

藤本中空能消风，对枝对叶洗涤红。

补药其叶多甘甜，止红红味多酸涩。

多毛多刺消炎肿，亮面多浆败毒凶。

芳香药味多开窍，苦寒性味多消炎。

第一句中的“风”，指的是风湿、风毒或水肿等，苗医认为藤本科的药物能祛风除湿；“红”指的是血，苗医认为龙胆、忍冬等，有止血凉血、活血化瘀的功效。歌诀反映了甘味滋补、酸涩敛血、芳香开窍、苦寒消炎的苗族医药药性理论。

---

[1] 韦茂繁，秦红增．苗族文化的变迁图像：广西融水雨卜村调查研究 [M]．北京：民族出版社，2007：145.

[2] 韦茂繁，秦红增．苗族文化的变迁图像：广西融水雨卜村调查研究 [M]．北京：民族出版社，2007：145.

2. 独特疗法

苗族医药独树一帜，如滚蛋疗法，苗医根据滚蛋后蛋壁和蛋黄的颜色变化来诊断并治疗疾病。再如化水疗法，取清水一碗，苗族医师定神运气后，用手指在水面上空根据不同病情画符，并口念化水咒语或投入必要药物。这是化水的过程，根据不同的病情，化不同的水。苗族医师化水后，用口含水喷在病人的患处，连喷三口。咒语类似于心理暗示，能让患者放松，冷水对患处带有刺激疗法，同时药物也起作用，所以对止血、止痛、接骨、消肿、安胎、催产等却有效果。

气针疗法，是苗族医药中疏通经络的一种方法。患者把手伸出来放到桌上，手的虎口向上，并且闭上眼睛，平心静气。医师手中没有拿任何东西，只用一只手的大拇指和食指相搓，对准虎口位置，模拟捻针刺穴的动作，快速地上下移动，口中念念有词。这一套动作持续两分钟后，虽然医师的手并没有碰到患者的手，却能让患者感觉到像有细针扎在虎口。苗族医师认为，气针疗法有效地疏通经络，所谓通则不痛，一般进行半个小时的气针疗法就可以达到效果了。

如果从西方医学的角度理解气针疗法，这应该是西方所说的人体生物电的现象。云正忠医师认为，可能在大拇指和食指相搓并快速地上下移动，引起空气中的静电摩擦，并刺激到细胞的生物电，所以才会有如针扎般的感觉。

3. 治疗理论

苗族医药将极其复杂而众多的疾病，归纳为冷病、热病，又将成千上万种的药物分为冷药、热药，在治疗疾病上冷病用热药、热病用冷药。这种纲举目张、一分为二的辩证唯物思想给苗族医学奠定了指导思想和辨病用药原则。苗族医药理论极富辩证色彩，破均衡说和交环说是其中的典型代表。

1）破均衡说

苗族医药认为，身体需要一种叫“搜媚若”的能量，推动人体各组织结构破均衡运动，以实现人的生命活动，就像时钟的钟摆，要不停地摆动，才能让时针转起来，发挥其计时功能。破均衡的力量越强，人的生命活动力越旺盛；如其愈弱，则人的生命力愈衰。如果这种“搜媚若”能量消失，就会出现生理上的绝对均衡，人的生命也就会终止。心脏需要一张一缩地不停跳动，肺需要一张一缩地进行呼吸，肠胃需要一紧一松地反复蠕动，如果这些运动都停止了，那么人的生命也会停止。苗医认为，疾病就是削弱“搜媚若”破均衡的能力，最终迫使人体达到绝对的均衡。治疗疾病，就必须采取有效措施增强“搜媚若”破均衡的能力，削弱病害力，使人体回到正常的破均衡的位置上来。苗医用药的时候，一般不会等量用药，认为药量平等了，疗效就会下降，就是所谓的“太平药”，好人能吃，病人能吃，吃不死人，也治不了病。这就是破均衡思想的反映。

2）交环说

苗医认为，人体有上、下两个交环。上交环在咽喉与气管交接部位及其四周，主管空气和食物的摄入。下交环在大肠和小肠的交接部位及其四周，主管食物的消化和吸收。若上交环功能旺盛，食源就会源源不断，人就有禄；若下交环功能旺盛，食物就会被充分地消化、吸收，人就有福。上、下交环和套了，就是上、下两旺，身体就强壮。不和套，就会出现上能吃而下不能消化，这叫有禄无福；或者出现下吸收过旺而上不能吃，这叫有福无禄；如果出现上不能吃下能吸收，这叫无福无禄。因此，治病要重视上、下交环，保证有禄有福。凡是绵软、甜、鲜的食物或药物，都可帮助交环和套。

这两种医学理论，从生理、病理、医理上都贯穿了苗族医师们可贵的医学思想。与中医所强调的“中庸”不同，破均衡说认为人体一旦均衡，身体的运动就会停止，生命也就结束，所以，要用能量来破均衡，“生命在于运动”。对于交环说，苗医强调上、下交环的平行，两环和套，则身体强壮，强调事物在生命运动过程中的相辅相助。

4. 治疗原理

每一个民族都有自己的医疗体系，作为社会文化的适应方式之一。在很多情况下，病人的康复会影响到整个族群或社区的福祉，因此，整个民族必然会调动其认为可以促进健康的信仰、科学和认知，以促进成员的健康。长久以来，苗族人总结出了一些独特的经验和规律。现通过以下个案来说明。

苗医治疗蜈蚣咬伤的方法，除了用野芭蕉芯捣烂外敷外，还可用鸡的口水来治疗。取活鸡一只，用手伸入鸡嘴内刮出鸡的口水，然后把口水涂在伤口处即可。在苗医看来，鸡吃蜈蚣，鸡的口水对于蜈蚣的毒就具有了攻击性，把口水涂在伤口就可驱除蜈蚣毒。

对其他生命体的知识的尊重，几乎贯穿整个苗族文化史。苗族先人认为其他物类的生命和人是相似的，其他生命体所具有的特性，也能为人所用。苗族医药知识的形成是多元化的。苗族医者不但向同行学习，还向大自然学习，向其他的物类学习，其虔诚和尊敬的态度才是真正的天人合一。

苗族人们，善于利用已经掌握的知识排除拟生命体的侵害，由于苗医治疗过程中某些独特的医疗行为，人们往往把苗医和巫术联系在一起。其实这些治疗方式，都是受到苗族人的生产、生活经验的启发而形成的。

第二节　广西苗族医药文化认知的传承与发展

自“五四”以来，西学东渐，西方医疗体系传入中国的乡土社会，民间的传统医药地位受到挑战；20 世纪 60 年代建立的“赤脚医生”制度，很大程度上缓解了农村的医疗问题，农村的“赤脚医生”既接受过基本的现代医疗教育，又熟知民间传统医疗方式，广大农村百姓深受其益；至 20 世纪末，国家医疗保险制度向农村普及，以保障农民的基本医疗需求。

一、苗族医药文化传承与发展的现状

美国医学人类学家亚瑟・凯博文（Arthur Kleinman）指出：“医疗系统是在文化约制下的观念，医疗系统之实行也是文化之实行，医疗观念与文化内其他观念、价值等配合而成互辅之整体亦即功能的运转。”[1] 通过对广西融水苗族地区的调查，笔者发现苗族村民患病首先去找村医，第二是自找草药治疗，第三是到当地县医院治疗，第四是到乡卫生医院，第五是找苗医，第六是找巫师，第七是到市医院，第八是任其自然发展不做任何治疗。

民族医药大有可为，但扶持的力度远远不够。年轻的苗族医师较少，且知名的苗族医师年纪偏大，近年来相继去世，现有老苗医已所剩无几。可以说，融水苗医的生存空间已渐渐缩小。虽然村医中也有部分是苗医，而且有不少村医具备苗医知识，但是村医仍以卫校毕业的西医为主，苗医的传承已呈现青黄不接之势。村医主要负责疫苗的接种，也会出售一些非处方药，村里人感冒发烧了，多会去找村医拿些药来吃，只有少部分的老人会去山上找草药来治病。严重一点的病人，则会去乡镇或县一级的医院去治疗。

---

[1] 张珣．疾病与文化 [M]．台北：台湾稻香出版社，1994：7.

二、对苗族医药文化认知的实践

由于农村医疗条件和农民的经济情况，现代医疗的影响还不能撼动民间非正式医疗的地位。用民间非正式医疗治疗疾病已经上升到一个群体的行为。在苗族社会，苗族人选择苗医治疗，大多数情况下，要么是小病，一方草药就能治好；要么是大病，西医表示无能为力，苗人转而求助苗医。而且苗族医师的治疗往往和鬼师的仪式治疗是有关联的，有时候很难判断一种治疗行为是属于苗医治疗还是仪式治疗。所以，苗族人在大病时求助苗医治疗，即使明知药石无效，仍会接受带有巫术色彩的医疗方式。

1.传承孝道的心安

治疗行为所追求的不仅仅是治愈的结果，有时更强调治病的过程，以及其中所体现的医疗作为社会伦理表达的意义。在调查过程中，当地村民杨某某讲述了她和家人给奶奶治病的过程，可以作为一个典型案例：

奶奶的脖子长了一个大大的瘤，一直长到心口那个地方，去医院看了，也吃药，但也不管事。后来找了个老苗医，老苗医也不说得了什么病，就说吃点药，也没见好。再后来找师傅（鬼师）看了，说是长虫瘤，要做一场法事，我们就请师傅做了次法，但不久奶奶还是去世了。

民族医学有一个共同的特点，那就是不仅是医病，也医人，这是现代医学所不能给予的。在这个意义上，苗族医药的治疗方式，不仅是家庭成员对病人表达关爱的途径，也是一种对村落成员"交待"的方式。

2. 实践传统的无奈

苗族人自豪于自身民族悠久的医药文化，甚至只需要在山上采几株草药就能治好病，小病小疼都不用去医院，自己就能解决，他们习惯于这样的治疗方式。但是苗医不是对所有的病都能立马见效，往往还需要求助于其他的治疗方式，而面对现代医疗高昂的费用,经济困难的部分苗族人迫于现实不得不选择用自我民族的传统医疗方式来延续健康。这种既自豪又无奈的心态在调查中屡次出现:

陈某某夫妇患有常年的慢性病,陈某某患有胃病、骨质增生等,其妻子患有妇科病。两人因需常年服药,家里经济困难,一般只在村卫生室看病,如遇上感冒发烧之类的病,就在村里的小卖店买些常用药。通常情况下也会去山上采些草药,自己熬来喝。陈某某关于草药的知识都是从父亲或者同辈朋友中学来的,他能分辨出一般的草药及其性质,懂些祛火防寒的药方,也常与村里苗医交流,自己探索治疗胃病和骨质增生的药方。

悠久的历史、动人的传说以及神奇的医药知识,构成了苗族的文化认知体系,闪烁着民间智慧的光芒,是苗族人认识世界、阐释世界的一种方式。苗族传说中,人从枫木中孕育而出,或从龙人中进化而来,具有多个灵魂,且灵魂与肉身能分离,容易受到侵扰。出于对自身身体健康的关注,苗族人通过神农始创医学、蚩尤传神药、祝融传按摩健身术和药王传药方的传说,想象"药王"的形象,以求能得到对生命和健康的护佑。苗族人认为人之所以生病,是因为拟生命体对肉体和灵魂的入侵,所以,苗医的治病元理就是排除拟生命体的侵害;而之所以有这样的疾病观,在于苗族人认为人与其他的生命体都是平等的,没有高低贵贱之分,人的生命也如同植物的生命一样,会遭受"虫"的侵扰,这就是类植物生命观。

三、苗族医药文化的发展

苗族医药理论认为,自然并没有赋权任何生命体以最高的生存特权和绝对的生存优势,人与其他生命的生命性征既是类似的,又是相互制约的。基于这样的前提,各种生命体会侵害到其他的生命体当中,导致疾病的产生;而其他生命体只要善于利用自己排除侵害的知识,就能够制服对方,驱除病症,恢复健康。在苗族医药理论中,之所以有“拟生命体侵害”的概念,是因为苗族人民在长期的生产、生活实践中形成的类植物生命观。虫入侵植物,导致植物的枯萎、死亡,那么人也如同植物般,因为遭到“虫”的侵害,而导致生病的。

随着社会的发展,现代医疗向苗族地区渗透,越来越多地占据传统医药的领地。苗族医药在现代医疗体系的攻势下,生存空间和传承空间日渐狭小,但这并不意味着苗医文化的消失。苗族人面对现代医疗、苗医治疗和仪式治疗等多种医疗方式,折射出了传统文化与现实的交织,特别是在面对慢性病的时候,深受传统文化影响的苗族人更愿意选择苗医的治疗,甚至自己摸索出药方,为苗族医药添砖加瓦,丰富苗族医药的内涵。从某种程度上说,苗族医药是苗族文化持有者对其所处世界的认识、理解、阐释和表达,是当地人认识世界的一种途径。

第二篇

康养旅游研究

第四章　康养旅游概述和发展优势

我国的经济结构调整和产业升级加快，对各行业提出了更高的创新创业要求。国家“十四五”规划明确提出，“把保障人民健康放在优先发展的战略位置”“促进少数民族医药发展”“促进中药新药研发保护和产业发展”。在“健康中国”战略的指引下，医疗卫生行业进入了黄金发展期。从现实情况看，一方面，我国已进入老龄化社会，对生活照料、卫生保健的需求越来越大。另一方面，生活节奏加快，社会压力增大，亚健康问题成为影响不同年龄段社会各阶层人群身心健康的重要原因，导致慢性病越来越普遍和年轻化。在健康意识不断增强的时代，人们越来越强调“未病先防”的重要性，同时也刺激了健康产业的发展，如康养旅游、中医药养生等。研究表明，广西少数民族医药的针灸、药浴、传统疗法等在保健、慢性病康复治疗上具有较为显著的疗效。因此，在创新创业背景下，将传统医药与文化旅游结合，形成具有地方特色的民族医药康养旅游，具有重要战略意义和现实意义。

第一节　康养旅游概述

一、康养旅游的概念

康养，学术界通常将其解释为“健康”与“养生”的结合。对于康养旅游的内涵，有的学者解释为旨在促进旅游者身心健康，提高旅游者的幸福感，在良好的物质条件基础上，以旅游的形式实现幸福的专项度假旅游。有的学者将康养旅游解释为人们离开自己的固定或临时住所（或工作），去寻找和体验能够放松身体和缓解精神压力的活动。这些活动通常包括身体保健、美容、健康营养、饮食、放松、冥想和心理教育。

康养旅游，虽然国外起步较早，但仍没有系统的名称。现在，很多研究者将其称为医疗旅游（medical tourism）、保健旅游（health tourism）以及健康旅游（wellness tourism）。国外学者认为，康养旅游包括健康旅游和医疗旅游两种类型。健康旅游是指以预防疾病为主要作用的一种旅游活动，其旅游者是健康人。医疗旅游是指以治疗疾病为目的的一种旅游活动，其旅游者是非健康的人。国内有学者认为，康养旅游是以自然生态环境和人文环境为基础，通过养生、娱乐、休闲等方式达到身心修养、延年益寿和疾病防治等目的，这是早期对康养旅游概念内涵的研究。也有学者指出，康养旅游是旅游者为获得快乐、追求幸福和身心健康的一种度假旅游。这种度假旅游需要良好的自然生态条件作为前提。但这一定义并没有突出康养旅游作为一种独特的旅游发展方式所具有的健康、养生、疗养的本质特征。我国2016年颁布的《国家康养旅游示范基地标准》将康养旅游定义为“通过养颜健体、营养膳食、修身养性、关爱环境等各种手段，使人在身体、心智和精神上都达到自然和谐的优良状态的各种旅游活动的总和”。

二、康养旅游的类型

康养旅游是由三个层面构成的一个逻辑整体，即康养的物候基础、康养的需求和诗意的栖息地。这表明，康养产业对资源的依赖性很强。根据自然资源的不同和康养旅游目的的不同，康养产业可分为森林康养旅游、水体康养旅游、乡村康养旅游、体育康养旅游、医疗保健康养旅游、文化养生康养旅游多种类型。

1. 森林康养旅游

“森林康养”这个名字由“森林浴”发展而来，在19世纪，德国是世界上第一个森林浴的目的地，也是森林康养旅游概念的起源。旅游者在森林中呼吸植被的芬芳，聆听自然的声音，欣赏自然的色彩，感受身体的放松和休闲，从森林中享受旅游活动的主要方式有散步、露营、冥想和瑜伽等。

2. 水体康养旅游

水体康养旅游是指在旅游过程中，依靠温泉、湖泊、海洋和河流等水资源，达到调理身体、改善亚健康状态和放松身心的旅游活动。水上活动可以使人体得到锻炼和身心的放松。温泉水在人体皮肤上具有杀菌消炎的作用，增加人体的抵抗力，促进人体的新陈代谢能力，能够使人体的身心得到完全的放松。水体健康的常见形式包括温泉、水疗；水面活动包括漂流、游泳和其他增强体质的项目。

3. 乡村康养旅游

乡村康养旅游是指利用乡村旅游资源，体验乡村生活，感受乡村的自然和人文环境，在参观和游览中调理身体，改善亚健康状态，放松身心的旅游活动。相对于大城市的空气污染、噪音、食品安全问题，高楼大厦和现代化设备，乡村清新宜人的空气、与自然亲密接触的生态环境和优美的自然风光都非常具有吸引力。常见的形式包括农作物采集、土地开垦、互动体验等。

4. 体育康养旅游

体育康养旅游主要是依托区域内或周边的体育资源或体育活动，以参与体育活动或观看体育赛事为主要内容，同时以配套的休闲、养生设施和项目为辅助，以达到消费者促进身体健康的消费目的。这种健康旅游产业的特点是以消费者参与赛事或活动组织为主要形式。一般消费对象主要是身心健康、追求更高生活质量的游客。

5. 医疗保健康养旅游

医疗保健康养旅游的主题是疾病的预防和护理,以及身体的健康和修复。这类健康旅游产业主要依托于医疗健康旅游目的地的医疗卫生设施和机构。利用当地的医疗卫生资源,吸引消费者到健康旅游目的地进行医疗、保健、体检、康复和其他消费活动。这类健康旅游产业对旅游目的地的医疗水平有较高要求。目前,依托中医药资源的传统中医药保健在我国得到了广泛推广。

6. 文化养生康养旅游

文化养生康养旅游产业的特点是具有浓厚的养生文化,充分挖掘当地的养生文化,以养生旅游目的地的自然生态环境和自然资源为基础,充分整合资源和文化,优化和提高生活质量,达到养生的目的。这种养生旅游产业的主体是非物质的传统文化养生资源。在产业建设中,要特别注意通过物质层面的建设来展示非物质主体。

三、康养旅游的特征

1. 高度关注健康和心理感受

这是由医疗保健的性质决定的。追求健康、舒适、快乐是健康旅游的基本出发点和目标。决定健康和快乐的因素很多,包括环境、设施、产品、项目内容、服务和组织管理等。其中,除了环境是自然的,人为干预的效果有限外,其他因素都可以通过人为干预来决定。因此,环境是选择和建设健康旅游目的地的第一资源。

环境因素可以从两个方面进行分析。一是自然生态环境和气候,包括舒适的环境温度和湿度、新鲜的空气、干净甘甜的健康饮用水、地表水和地下水。还有优美的自然景观——温泉、冰雪、湖泊、溪流、海水、沙滩、森林、草原、山地等,有利于人们身心健康的资源。二是文化社会环境,包括居民的好客、友善、亲近、卫生习惯和文明礼仪,舒适、缓慢的生活节奏,科学、健康、有趣的生活和生产劳动方式,民族、民俗和形式多样、内涵丰富的民间历史文化。这些都是旅游目的地能够展示给游客的,具有较高参与度、体验度和感受度的因素。它们也是旅游目的地发展健康旅游的软条件。

2.高度重视产品和服务的质量和性价比

这也是由康养旅游的目的和市场经济的规律决定的。影响健康、快乐和幸福的最直接因素是游客在康养旅游过程中消费的各种产品和服务,包括餐饮、住宿、休闲旅游活动、使用的产品、原材料及其配置的时空结构。在细分方面,康养旅游项目的选择、组织规划与安排、各环节的服务、康养设施设备的科学规划与设计,以及游客对产品科学文化内涵的挖掘、展示与解读,都会影响游客的体验程度。

在同等质量水平的前提下,康养产品和服务是否物有所值甚至物超所值,是康养旅游目的地的最大竞争优势,这是由价值决定价格、等价交换的市场经济基本规律决定的。具体来说,对于养生旅游而言,其消费结构大致包括三部分:居住地与目的地之间的交通、在目的地生活的基本消费、养生旅游过程中对目的地提供的服务和产品的选择性和延伸消费。其中,居住地与目的地之间的交通只是档次和方式的选择,目的地的基本生活消费也是由产品和服务的档次决定的,而延伸和选择性消费则由游客的偏好、意愿和能力决定。游客对后两者的选择弹性要大于对交通的选择。交通工具还直接影响到时间成本、舒适度和便利性,这些可以称为心理成本。这些对健康旅游非常重要,因此决定了位置和交通是健康旅游目的地最重要的制约因素。

3. 在旅游目的地停留时间长，重复消费比例高

这是与观光旅游和专项旅游相比的。观光旅游的主要吸引力在于旅游目的地的景观和项目的独特性。对产品、项目、服务和设施质量的关注，以及对组织和接待工作的科学性的关注，则退居次要地位。由于一次性消费，旅游目的地在后几个方面的不足，往往对吸引力、竞争力、形象和声誉的影响相对有限。专项旅游也是如此，只不过核心吸引力主要来自消费者关注的项目和活动。例如，观鸟（摄影爱好者可以在高温、低温、沼泽湿地、蚊虫叮咬、黎明、黄昏甚至深夜等天气和环境条件下享受去旅游目的地的乐趣）、沙漠丛林穿越、热气球、攀岩、漂流、登山、汽车和摩托车拉力赛等爱好者不顾生命危险坚持前行。

然而，康养旅游主要是以健康、快乐、幸福为目的，包括家庭成员和亲属的幸福，需要在旅游目的地长期居住。因此，游客既要有动力，也要有条件，对旅游地的设施、项目、产品和服务慢慢品味、思索和评论。旅游目的地及其项目和模式的选择、规划设计、开发建设、配套设施、生产经营、接待服务、组织管理等环节和方面都要经得起消费者的比较、思考和评价。因此，产品和服务是健康旅游目的地管理和发展的制胜法宝。

四、民族医药康养旅游概述

（一）民族医药康养旅游概念

1. 民族医药康养

民族医学有着悠久的历史。民族医学用于疾病的预防和饮食的治疗过程，使人们达到身心健康的状态。其方式多种多样，主要有以民族医药资源繁育基地、自然恢复区、花卉种植基地等为依托的民族医药自然景观；有以民族医药文化遗

址、民族医药博物馆、民族医药医疗机构、民族医药企业等为主要依托的民族医药人文景观；也有以民族医药卫生服务为主的企业、医疗机构、康复机构、宾馆、度假村、卫生保健机构。民族医药体现了多学科的融合，包括民族医药文化与保护、民族医药园林设计、民族医药人文、民族医药研究、民族医药资质认定、民族医药保健技术等。

因此，民族医药康养的定义是以民族医药的基本理论为指导，依托各种机构、单位和社会团体等组织，运用民族医药的适宜技术为各类人群服务，使其达到或趋向于达到身心健康的状态的总和。

2. 民族医药康养旅游

民族医药康养旅游是指人们到异地寻求民族医药自然与人文的审美，同时尝试和利用民族医学的相关服务，使身心愉悦回归到健康状态的旅行，是一个多学科融合的综合体，它是包含了旅游学、康养学、民族医药学、人文社会学等学科交叉融合的产物。

在国家政策的支持、引导和消费市场的刺激下，民族医药康养旅游产业的融合发展，促进了民族医药健康服务与旅游产业的有机结合，为民族医药健康服务与旅游产业的发展带来了机遇，民族医药康养旅游项目或综合体不断涌现。同时，文化和旅游部颁布《国家康养旅游示范基地标准》，已进一步规范康养旅游基地，让人们在做旅游的同时体验到标准化、规范化的国医养生服务，使行业健康可持续发展，在培育民族医药文化的同时促进区域经济发展。随着“一带一路”倡议的实施，沿线国家对民族医药文化的认可，一大批民族医药中心相继建成。在传播民族医药文化的同时，实现了“文化信任”，促进了民族医药和康养旅游的国际化。

在全球范围内，民族医药康养旅游是传统的旅游业和民族医药的整合，它依赖于医药资源的自然和人文环境经典的自然资源，集自然、文化、休闲、康养、医疗、保健于一体，以维护、改善和提升游客身体状态和精神健康为目的的旅游活动。

(二)民族医药康养旅游的构成要素

旅游的构成要素有三个，即旅游主体、旅游客体和连接主体与客体的旅游媒介。民族医药康养旅游活动中的旅游主体是指参与旅游活动的游客，即离开居住地到具有民族医药养生资源的旅游目的地旅游的游客。旅游对象是旅游业得以发展的物质基础，是吸引游客的旅游目的地。目的地的吸引因素包括自然民族医学环境、人文环境和社会环境。支持连接旅游的主体和客体，中介机构，也就是说为民族医药康养旅游活动提供各种服务、安排，实现旅游者的身心放松，调理休养，预防疾病的目的，并能让旅游者从中获得最大乐趣的具体因素由旅行社、旅游交通、饭店等组成。

1.旅游主体——旅游者

(1)民族医药康养旅游者。民族医药康养旅游是近几年才发展起来的一种新兴特色旅游活动。目前，关于民族医药康养旅游者的定义还没有准确的概念。本书将民族医药的旅游者定义为：离开平时的生活环境，以民族医药的理论体系为基础，以延年益寿、强身健体、养精蓄锐、健康疗养、医疗保健为目的，进行观光休闲度假的旅游活动的人群。

(2)民族医药康养旅游者的类别。

①按年龄分类。按照年龄标准，民族医药康养旅游者主要是孕妇和婴幼儿、中青年人、老年。

孕妇和婴幼儿旅游者。随着社会和家庭对这一群体的重视,这一群体的消费也呈现出多样化。孕妇、儿童的健康需求已不再局限于传统意义上的保健。在民族医药的传统理论中,有很多关于孕妇、婴幼儿的健康和疾病治疗的古法。而与西医相比,这些古老的治病方法对一些特殊疾病有很好的疗效。在怀孕和哺乳期间,妇女需要休息,对母亲、婴儿和幼儿需要特别细致的照顾。这样的条件在城市里很难找到。一些专业的民族医药养生基地有优美的自然环境,清新的空气,还有专业的医疗咨询和服务人员的悉心照料,特别有利于妇女在孕期的保健和产后的恢复。

中青年游客。传统理念认为,民族医药康养旅游的主要参与者是中年人和老年人。然而,康养并非养老。康养是健康养生,是一种维持和改善身体机能的生活方式。现代生活节奏的加快造成了巨大的压力,加之环境恶化的影响,处于亚健康状态的人数逐年增加。其中,年轻人占比是最多的。亚健康是一种介于健康和疾病之间的状态,极不稳定,容易转变。虽然没有明显的疾病诊断,但亚健康的机体有各种身体不适的症状,也有社会适应能力下降等问题。如果干预条件适当,亚健康可以恢复到健康状态,但缺乏护理或不适当的消除会引发各种疾病。随着健康意识的加强,越来越多的年轻人在“不治已病治未病”的理念基础上,开始关注民族医药保健和饮食。由于身体、心理和生活方式的特点,中青年很难真正认识和理解民族医药康养的内涵。因此,针对年轻人和中青年游客,可以通过康养旅游这种方式唤起他们对民族医药康养的重视,让他们通过民族医药养生旅游,了解中医养生理念,树立健康养生的观念。

老年游客。老年人也可称为银发族游客。由于生活水平和社会保障的提高,以及有了收入和空闲时间,越来越多的老年人参与到养生旅游活动中,成为民族医药康养旅游的直接消费者。此外，绝大多数老年人患有身体退行性病变或慢性疾病，对旨在增强健康的民族医学养生旅游活动有着特别强烈的需求。随着全球老龄化的加剧，更多的老年人将成为民族医药养生旅游的主力军，老年市场将成为民族医药康养旅游发展的一大客源市场。在这个群体中，企事业单位的退休职工、退休教师、医生、律师等都有稳定的收入。此外，他们普遍受过高等教育，健康意识强。他们是一个具有巨大发展潜力的目标市场。

②按区域分类。根据地理区域的不同，可以对国内和国外的旅游来源进行区分。

国内旅游者。国人对民族医药有着浓厚的兴趣。民族医药历史悠久，理论经典，技术手段精湛，自古以来就有广泛的群众基础。随着民族医药的不断发展和国人对民族医药认知的加深，越来越多的国人游客愿意参与到健康旅游和民族医药中。

国外旅游者。东亚地区，特别是日本和韩国，受中医影响很大。许多人对民族医药的传统文化有着极大的热情，愿意参与民族医药康养旅游，在旅游中感受民族医药带给他们的健康快乐。虽然欧美国家的居民在地理上与中国相距甚远，但在欧美等发达国家，旅游是人们生活中必不可少的一部分，他们非常重视健康生活。此外，近年来，民族医药在国外的传播力度不断加大，更多的外国人开始认同民族医药的理论和饮食。民族医药康养旅游不仅满足了欧美人的度假需求，也满足了他们对健康的诉求。目前，民族医药康养旅游的海外市场开发应以日本、韩国为主，大力发展东南亚市场，并将目光投向欧美国家。从长远来看，国际旅游资源的开发也有巨大的潜力。

③按目的分类。根据旅游目的，可分为康体旅游者、康养旅游者和康疗旅游者。

康体旅游者。这些人是以休闲和康体为核心目的进行民族医药康养旅游的游客，其主要目的是休闲和保健。这些群体一般健康无疾病，希望通过利用民族医药资源的旅游活动达到强身健体的目的。

康养旅游者。是指利用旅游来实现健康和养生目标的游客。这一群体希望通过养颜健体、营养膳食、修身养性、爱护环境等各种手段，达到身、心、灵自然和谐的优良状态。

康疗旅游者。指以康复和恢复为目的开展旅游活动的游客。该群体在身体上存在一定的健康问题，希望能够通过旅游活动中的民族医药康复手段来预防疾病，恢复健康。

④按消费水平分类，根据消费水平的高低，可分为普通游客和高端游客。

普通游客。普通游客是民族医药康养旅游的主要消费群体。在康养旅游方面，普通人有需求和期望，他们希望通过旅游项目调节身体和心理健康。

高端游客。高端游客主要是高收入人群。他们大多有紧张的生活节奏和密集的脑力劳动，且对健康养生非常重视。他们对传统民族医药文化有独特的理解，愿意花时间参与民族医药康养旅游。他们对与自然的关系有很高的要求，以获得身体和精神健康，希望在享受旅游的体验和感受的同时增强体质。

⑤按性别分类。根据性别的不同，可分为男性和女性游客。

女性旅游者。女性旅游者更关注健康和养生。这一群体对民族医药在美容、减肥等方面的功效更感兴趣。她们是民族医药和康养旅游的主要消费群体。因此，可以为康养旅游提取一些多样化的、对女性友好的民族医药产品。例如，与芳香疗法相关的冥想和康养旅游，可以使社会、精神和职业压力大的妇女群体在旅行中获得信息丰富、娱乐和享受性的满足。

男性旅游者。男性旅游者是民族医学和康养旅游的一个潜在市场。随着生活水平的提高，人们对身心健康的追求有增无减，越来越多的男性也开始关注健康和养生，男性逐渐成为民族医药和康养旅游的基础消费者。因此，可以从男性关注的肥胖、脱发、失眠等方面入手，开发适合男性的民族医药康养旅游产品。

2. 客体——民族医药资源和旅游资源

民族医药康养旅游的目的是民族医药和康养旅游各种资源的整合。由于民族医药康养旅游资源具有共生性、融合性和同一性叠加的特点，所以主要从民族医药资源和康养旅游资源进行分析。广西的民族医药康养旅游资源丰富。“旅游 + 民族医药 ”顺应了大众对健康生活的呼声，空间和市场需求潜力巨大，发展前景良好。

（1）民族医药资源。民族医药康养旅游是一种将民族医药与旅游相结合的新型旅游方式。凡是有利于人们身心健康的民族医药都可以纳入旅游过程。例如，养生和民族医学的方法、民族医学的诊断和治疗方法、药用植物的可视化以及养生和旅游环境都属于民族医药康养资源的范畴。民族医药是对少数民族养生思想的总结和实践经验。民族医药的诊断和治疗方法是丰富多样的。除了拥有具体的治疗方法外，民族医药的特点是其治疗思想。民族医药养生不仅注重身体的保健，而且注重身心和谐、天人相应、和谐统一、动静相宜的内涵、三者相宜等养生的基本规律。

民族医药康养旅游是传统旅游、养生康复和民族医药三大产业有机结合而形成的新产业。民族医药康养旅游作为一个新的战略产业具有巨大的潜力，对促进民族医药供给侧结构性改革具有重要作用。

（2）旅游资源。

①内容。凡是能让游客在旅游活动中体验到民族医药养生方法及其成果的健康环境等，都属于民族医药康养旅游资源的范畴，包括气候、空气、土壤、水质，即所有吸引游客的自然资源。

②特点。除了一般的旅游资源要素外，民族医药康养旅游资源还具有一些其他的特点。

专业性：民族医药旅游资源属于医学专业领域，专业性强。

功能性：除了一般旅游的休闲、放松等功能外，游客对民族医药旅游资源也有康养、医疗等保健功能的要求。

环境性：民族医药饮食所倡导的生活方式和生活环境，要求人与自然和谐统一。愉快的环境不仅能促进身心健康，还能提高旅游者的积极性。

文化性：作为中国的传统医学，民族医药有几千年的历史，是中国文化的重要组成部分。它的文化是代代相传的。

3. 媒介——民族医药康养旅游业

（1）民族医药康养旅游的构成。民族医药康养旅游是连接康养旅游对象和主体的手段。民族医药康养旅游是民族医药康养服务与旅游的深度有机结合，以提供民族医药康养服务为主题的康养旅游新形态及其产业链。民族医药康养旅游媒介包括旅行社、旅游交通和旅游酒店。

①旅行社。旅行社是组织和实施民族医药康养旅游活动的机构。随着旅游业的发展和人们健康意识的增强，以养生、康复、保健为主题的康养旅游活动不断增多，各地纷纷推出民族医药旅游发展规划，旅行社也纷纷推出民族医药康

养旅游产品线路。

②旅游交通。旅游交通是指为旅游者从接待地到目的地的往返以及通过旅游目的地的行程所提供的手段和服务进行活动的总和。旅游业与交通有着密不可分的关系，交通为旅游业的发展提供了条件。民族医学康养旅游是一种基于自然环境之美的模式，而这些旅游目的地往往位于偏远地区。因此，为了确保民族医学康养旅游活动的正常开展，必须要有交通设施和服务来支持它。旅游交通必须围绕康养旅游和民族医药的需求，完善有效供给，提高服务质量，不断进行产品和服务创新，创造融合医药和民族文化特色的新交通环境。

③旅游酒店。旅游酒店是游客吃、住等基本生活的物质载体。游客旅游，其基本的住宿等通常由酒店提供。酒店是旅游者旅游活动能够连续进行的物质保证。将具有国医特色的主题酒店与国医文化融为一体，让游客在休息中体验中医特色和康养文化。

（2）民族医药康养旅游业的特点。民族医学康养旅游是一种将民族医学康养与旅游相结合的新型旅游模式。与传统旅游相比，它具有以下特点：

①多样性。在充分利用各式各样的气候环境、地理位置、动植物资源、文化资源等资源的基础上，打造一个丰富多样的具有地方特色的医学康养旅游模式。

②普适性。康养活动可以涵盖所有追求健康和快乐的人。他们不是“病人”，与普通游客没有区别，而是具有更强康养目的性的游客。因此，其康复和保养不应该在医院或疗养院进行。根据游客不同的生理、身体和心理需求选择合适的民族医药目的地和康养旅游项目。

③知识性。康养旅游与传统的养生理论知识和人文资源紧密相连，使人们在

通过旅游获得康养体验的同时，还能达到文化养生、健身娱乐、丰富知识、延年益寿的目的。

④专业性。康养活动的开展是以民族医药理论为核心的，强调的是自然生态环境的要素，具有很强的专业特色。因此，民族医药康养旅游活动应在专业人士的指导下，按照规定的专业标准和程序进行。

⑤综合性。民族医药康养旅游是将中医理论和养生方法与各种现代康养旅游方式相结合而形成的一种新业态。这种旅游方式既注重养生保健的功能，又注重过程中的轻松和体验。

（三）民族医药康养旅游的特征

1. 本质与属性

民族医药康养旅游是现代旅游业发展过程中产生的一种新型旅游方式。学界对其本质和属性还没有一个比较完整的解释。从康养旅游的内涵来看，康养旅游不仅关注身体是否达到医学上的健康状态，而且重视个人的身心健康程度；同时，就康养旅游的受众而言，不仅是老龄化人群，也包括中青年、青少年和孩童。有学者认为，康养旅游的本质属性是为实现延长生命、强身健体、修身养性、医疗、复健等目标的旅游活动。《国家康养旅游示范基地标准》也提到，其本质属性是使人的身体、心智和精神等方面，达到自然和谐的状态。综上所述，民族医药康养旅游以其鲜明的特点，可以理解为以民族医药文化和适宜技术为核心，愉悦身心，从而达到或倾向于达到身心健康状态的一种旅游活动。

2. 特点

（1）丰富的民族医药资源。我国幅员辽阔，跨越纬度大，有热带、亚热带、暖温带、寒温带等不同气候带，以季风气候为主，四季分明，拥有种类繁多、产量丰富的民族医药资源，药用植物丰富。我国是一个历史悠久的文明古国，拥有丰富多彩的民族医疗和人文资源，如四川的药王谷、彭祖养生、广西的巴马等。民族医学是前人在实践基础上所建立的思想体系，流派广泛，因地域广阔、流派众多呈现出百花齐放的姿态。综上所述，我国独特的民族医药自然资源、文化遗产和医疗技术，为发展民族医药康养旅游奠定了基础。

（2）天人相应整体观。民族医药康养旅游注重运用民族医药的理念、方法和技术为游客服务，以达到养生保健、医疗康复、美容健体的目的，主要是针对人们日益增长的养生旅游需求，促进民族医药服务的整体事业发展。民族医药相应的天人合一思想与旅游自然资源的主题不谋而合，目标一致，都是通过自然与人的融合，最终为游客带来身心健康。

（3）人群的普适性。民族医药在卫生保健领域的效益显著，得到了广大群众和外国朋友的认可。其受益人群为各年龄段、不同体质的人所青睐，市场潜力巨大。民族医药康养旅游在发展初期，对象局限于康复和养老人群，随着生活水平和健康水平的提高，人群被扩展到各阶层，并针对不同目的的人群特点，在旅游中逐步扩展所有人群，结合民族医药的特色，拓展范围更广，延伸幅度更远。

（4）多学科的产业整合。民族医药康养旅游是一个新兴的领域，不仅要培养某一领域的专门人才，还需要复合型跨界人才，更是多学科横向融合的体现，如旅游、民族医药、康复医学等。例如，在民族医药方面，不仅有保健和医疗，还有与民族医药相关的产业，如民族医药文化、民族医药养殖、民族医药园林、民族医药产业等；医疗技术方面，如针灸推拿、民族医药营养、康复医学等；旅游方面，包括人文社科、农学、畜牧学、植物学、管理学、销售学等。

（5）地域合作的多样化。民族医药康养旅游的资源具有很强的地域性。随着物质生活水平的日益提高和人民群众精神文化需求的增加，民族医药的地方特色已不能满足相应的需求，两者之间的矛盾日益突出。为了促进康养产业的可持续发展，在政府的领导下，鼓励企业间的跨区域合作和联动，结合地域和自然资源，突出中医药特色，打造高质量的民族医药康养旅游项目。伴随着国家"一带一路"倡议的实施，中医药风靡全球，并创建中医药海外中心，如匈牙利的中东欧中医药中心、德国中医药中心等，为具有域外特色的民族医药康养旅游项目奠定了宝贵的医学基础，最终弘扬中医药文化，实现"文化自信"的国家战略。

（四）民族医药康养旅游的功能

1. 养—康—医功能

现代社会追求健康、享受健康已成为一种新的时尚。健康也被确定为旅游的基本价值。而民族医药康养旅游作为一种新的养生理念，为现代竞争社会中的人们提供了一个疏解的途径，达到养生保健、减压康复、医治疾病、健康娱乐、文化熏陶、调整心态、净化心灵、提高境界的目的。

2. 文化传播功能

旅游的功能是促进文化交流，加强文化认同，扩大文化影响。康养旅游与民族医药文化的结合是经济发展的需要。在建设过程中要把握好特色文化内涵，使之成为旅游文化产品的主题。发展康养旅游和民族医药，是增强文化软实力、民族凝聚力和国际影响力的有效途径，也是提高民族文明素质、促进文化传播的重要途径。此外，作为传播中华民族传统文化的"窗口行业"，旅游业是连接中外文化交流的纽带。发展旅游业的作用是加强沟通,促进文化交流,推动文化合作,提高国际地位,塑造国家形象。

3. 教育功能

旅游业是一种"学习型"产业,可以提高公民的素质,促进游客的全面发展。"读万卷书,不如行万里路;行万里路,不如阅人无数;阅人无数,不如高人指路;高人指路,不如体验感悟"。通过旅游活动,在情景体验的基础上,建立学习型社区,实地体验导游式旅游,游客可以更好地理解和更全面地诠释问题。而民族医药康养旅游可以通过民族医药博物馆、中医药文化基地等自然和人文资源,学习民族医药与健康养生知识,发挥开阔眼界的教育功能。

4. 经济功能

旅游业的发展对拉动经济增长、刺激消费需求、调整产业结构具有重要作用。而随着公众健康意识的提高和对民族医药的重视,对民族医药的需求也越来越大。民族医药产业已经成为我国具有强大发展潜力的特色产业。它满足了时代的需求,拓宽了旅游的内涵;同时,作为旅游与健康服务的融合体,顺应了产业融合的时代潮流,对城市产业及其功能的转型与完善产生了重大影响。特别是在近年来我国政府大力推进康养旅游和民族医药健康服务的政策背景下,康养旅游服务行业进入了发展的黄金时期。民族医药与康养旅游的融合是一个必然的趋势,民族医药康养旅游也将成为创造经济财富、拉动经济发展的重要力量。

第二节　康养旅游的发展优势

在《“健康中国 2030”规划纲要》指引下，国家正在发展大健康产业，人们对健康养生越来越重视，康养旅游将成为一个重要业态。作为旅游业的一个子行业，发展康养旅游不仅可以提高地区的经济水平，增加就业，改善产业结构，还可以加强公共卫生体系。在目前的旅游市场发展中，康养旅游是最有潜力的。

一、发展康养旅游的可行性分析

（一）市场潜力大

1. 老年人口逐年增长

对于年龄界定，也有不同的标准。根据世界卫生组织的规定，60 岁以上为老年人；在一些发达国家超过 65 岁才视为老年人，但在中国 60 岁以上即被视为老年人。民政部、全国老龄办发布的《2022 年度国家老龄事业发展公报》显示，截至 2022 年末，全国 60 周岁及以上老年人口 28 004 万人，占总人口的 19.8%；全国 65 周岁及以上老年人口 20 978 万人，占总人口的 14.9%。根据第七次全国人口普查结果，除西藏外，其他 30 个省份 65 岁及以上老年人口比重均超过 7%，其中，12 个省份 65 岁及以上老年人口比重超过 14%[1]。因此作为康养旅游研究的主要参与者之一而言，其市场潜力较大。

2. 亚健康人口较多

越来越多的亚健康人群引起了不少机构或组织的关注，他们以不同方式进行。

[1] 国家统计局 . 第七次全国人口普查公报（第五号）[EB/OL].(2021-05-11)[2023-02-26].http://www.stats.gov.cn/tjsj/tjgb/rkpcgb/qgrkpcgb/202106/t20210628_1818824.html.

根据《中华人民共和国2022年国民经济和社会发展统计公报》的数据，全年全国居民人均消费支出24 538元，比上年增长1.8%，扣除价格因素，实际下降0.2%。其中，人均服务性消费支出10 590元，比上年下降0.5%，占居民人均消费支出的比重为43.2%[1]。2016—2022年我国居民人均可支配收入总体呈稳定增长的态势，国民收入的稳定增长刺激了医疗领域的消费。2021年医疗保健消费支出占全国居民人均消费支出的8.6%。详情见图4-1、图4-2、图4-3、图4-4。

图4-1　2018—2022年全国居民人均可支配收入及其增长速度[2]

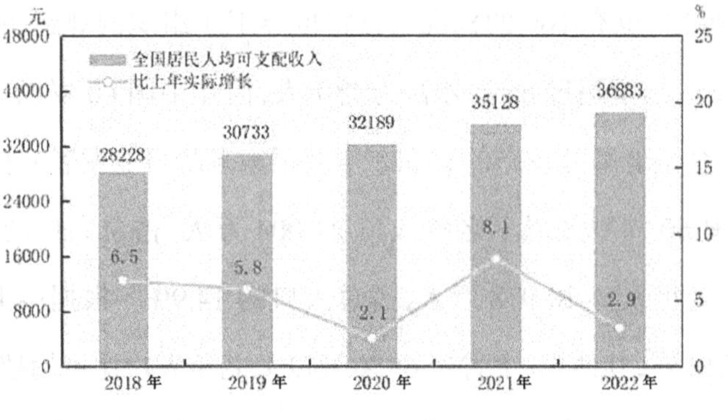

[1] 国家统计局.中华人民共和国2022年国民经济和社会发展统计公报[EB/OL].(2023-02-28)[2023-03-11] http://www.stats.gov.cn/tjsj/zxfb/202302/t20230227_1918980.html

图 4-2　2022 年全国居民人均消费支出及其构成 [1]

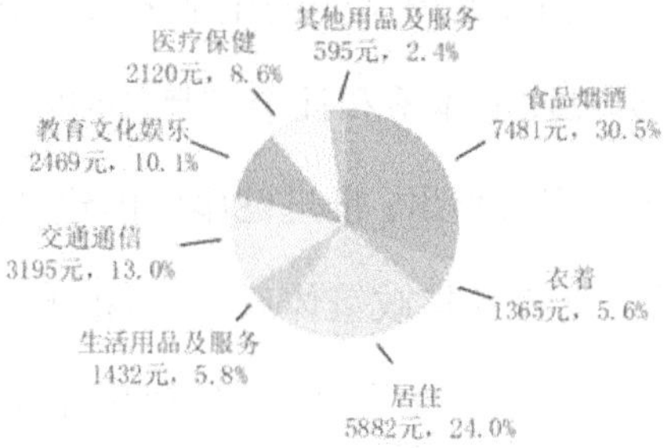

图 4-3　2016—2022 年中国居民医疗保健人均支出 [1]

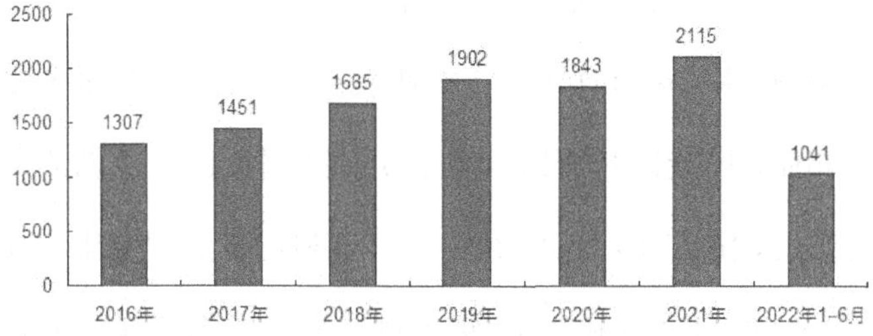

居民医疗保健人均支出（元）

图 4-4　2016—2022年中国居民医疗保健人均支出比重 [1]

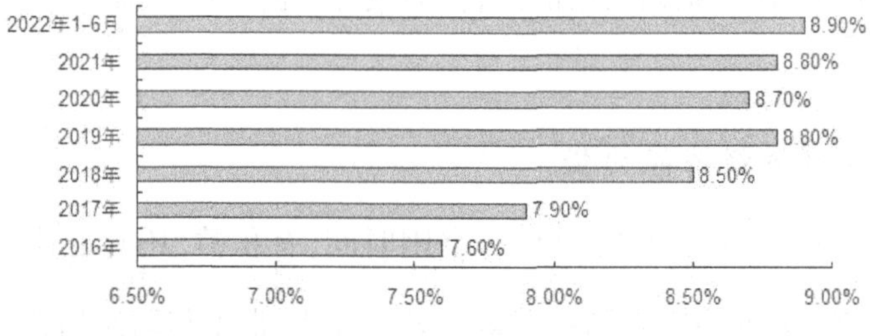

[1] 产业深度：2016-2022 年中国居民医疗保健人均支出及占比 [EB/OL].[2023-02-26].https://zhuanlan.zhihu.com/p/568177630.

（二）国家政策的支持

党的十九大报告指出：倡导健康文明的生活方式，积极应对人口老龄化，构建起养老、孝老、敬老的宏观政策体系和社会环境，促进医药结合以及老龄事业与产业的发展。党的二十大报告指出：推进健康中国建设，把保障人民健康放在优先发展的战略位置，建立生育支持政策体系，实施积极应对人口老龄化国家战略，促进中医药传承创新发展。2016 年 1 月，原国家旅游局（今文化和旅游部）发布《国家康养旅游示范基地标准》；2016 年 2 月，原国家林业局（今国家林业和草原局）印发《关于启动全国森林体验基地和全国森林养生基地建设试点的通知》；2016 年 4 月，原国家林业局印发《中国生态文化发展纲要（2016—2020 年）》；2016 年 5 月，原国家林业局又印发了《林业发展"十三五"规划》；2016 年 7 月，原国家旅游局和国家民族医药管理局联合开展"国家民族医药康养旅游（基地、项目）"创建工作；2016 年 10 月，中共中央、国务院印发《"健康中国 2030"规划纲要》；2017 年中央一号文件和 2018 年中央一号文件都提到了康养旅游的发展；2017 年 5 月国家卫计委（今卫健委）等 5 部门印发《关于促进健康旅游发展的指导意见》；2017 年 6 月，原国家旅游局办公室下达了《国家温泉康养旅游》的标准制定计划的通知。这一系列政策的出台，为康养旅游业的发展提供了良好的发展条件（见表 4-3）。

（三）消费群体经济能力强

一方面，老年人多为退休人员，有空闲时间，有积蓄，还有退休金，子女也可以补助，所以经济方面不是限制性因素。另一方面，根据猎聘网的数据统计，亚健康人群主要集中在电子、互联网、金融、贸易等行业，这些行业整体收入较高，经济能力有保障。国家统计局的数据显示，2021 年年平均工资最高的 3 个行业分别

表4-3 康养旅游相关政策统计表

发布机关	联合发布机构	政策文件	发布时间
国务院	–	《“健康中国 2030”规划纲要》	2016 年 10 月
		《关于促进健康服务业发展的若干意见》	2013 年 9 月
		《国务院关于实施健康中国行动的意见》	2019 年 7 月
		《第十四个五年规划和 2035 年远景目标纲要》	2021 年 3 月
国务院办公厅	国家旅游局	《国家康养旅游示范基地标准》	2016 年 1 月
		《关于开展健康旅游示范基地建设的通知》	2017 年 8 月
国务院组成部门	国家六部委	《生态扶贫方案》	2018 年 1 月
	国家六部委	《关于推动落实休闲农业和乡村旅游发展政策的通知》	2017 年 6 月
	国家发改委	《关于美丽特色小（城）镇建设的指导意见》	2016 年 10 月
	国家五部委	《关于促进健康旅游发展的指导意见》	2017 年 5 月
		《关于建立特色小镇和特色小城镇高质量发展机制的通知》	2018 年 9 月
国务院直属机构	国家林业局	《关于启动全国森林体验基地和全国森林养生基地建设试点的通知》	2016 年 2 月
		《林业发展“十三五”规划》	2016 年 5 月
		《中国生态文化发展纲要（2016—2020 年）》	2016 年 4 月
		《关于大力推进森林体验和森林养生发展的通知》	2017 年 8 月
	国家中医药管理局	《关于促进中医药健康旅游发展的指导意见》	2015 年 11 月
	健康中国行动推进委员会	《健康中国行动（2019—2030 年）》	2019 年 7 月

是信息传输、软件和信息技术服务业（简称 IT 行业），科学研究和技术服务业，金融业。从细分行业来看，年薪最高的行业主要来自基金、信托、互联网、通信、计算机、网络游戏、房地产服务、奢侈品和银行。这些行业的年薪都在 20 万元人民币以上。

（四）康养旅游资源优势明显

旅游业是我国国民经济的重要战略支柱产业。我国地域辽阔，资源丰富，气候条件好，自然旅游资源丰富，主要有江河湖泊、气候气象、岩溶地貌、动植物等，还拥有丰富的历史文化遗迹、古建筑、民俗风情等文化旅游资源，形成了森林康养旅游、温泉康养旅游、民族医药康养旅游、乡村康养旅游、阳光康养旅游、体育康养旅游等多种类型的健康旅游。

二、发展康养旅游的必要性分析

(一)解决旅游供给与需求之间的矛盾

目前，旅游供需矛盾主要体现在：一是时间上的矛盾，各种资源在淡季少人问津，旺季却人满为患，特别是黄金周期间，供远远小于求。第二，数量上的矛盾，旅游需求在短时间内会因收入、时间甚至政治、自然等因素而发生很大变化。第三，质量方面，游客的期望和旅游产品之间存在着差距。第四，结构性矛盾，主要表现为旅游产品的内容不能满足旅游的需求。第五，空间方面，不同旅游目的地的旅游需求不尽相同，旅游供给在空间上不能转移。随着国民经济和人民生活水平的提高，大众旅游的发展日趋成熟，传统的观光旅游已不能满足大多数游客的需求。于是，度假旅游、生态旅游、体育旅游、狩猎旅游、冰雪旅游等多种产品开始兴起，满足了游客的多样化需求。而在快速的生活状态下，人们的压力越来越大，休息的时间越来越少，加之我国的老龄化现象，康养旅游在此背景下应运而生。康养旅游的发展，不仅可以满足游客的多样化需求，而且可以缓解旅游供给在数量、结构、质量和需求方面的矛盾，实现供需的一定平衡。

(二)促进旅游业转型升级

继续加强生态文明建设，在各个层面贯彻绿色发展理念。绿色发展不仅着眼于创造更多的物质和精神财富，满足人们对美好生活的追求，而且要提供更多的绿色环保产品，满足人们对健康和生态环境的追求。康养旅游的发展不用单纯依赖于旅游资源生存，对环境也不会产生威胁，因此，康养旅游目的地一般都有良好的生态环境，旅游设施完善，资源丰富，地理位置优越，而且在开发建设过程中，开发者会特别注意环境保护和生态治理，开发的旅游产品也会对人们的身心健康产生积极影响。因此，康养旅游的发展是在生态文明的背景下，以绿色发展的理念向旅游发展方向延伸。康养旅游的发展在一定程度上促进了旅游业的转型和提升。

（三）推动"旅游+"发展

"旅游+"是充分挖掘旅游的引擎，具有融合和催化作用，其为整合、发展相关产业提供新的平台，进而提高其发展水平和综合能力。康养旅游正是"旅游+民族医药产业""旅游+林业""旅游+农业""旅游+养老产业"等多个产业的融合，因此康养旅游的发展推动了"旅游+"的发展。

第五章　康养旅游治理政策研究

随着人们物质生活水平的提高，人类人均寿命的延长，使得人口老龄化问题越来越严重。任宣羽认为“人口老龄化的加速扩大了养老旅游市场空间。预计到2050年，我国老年人口将超过4亿人，老龄化水平将超过30%。我国老年人口数量庞大，养老形势严峻，需求层次多样，全社会‘健康老龄化’产生的巨大刚性需求亟待满足”[1]。进入21世纪，人们对“健康、愉快、长寿”的渴望越来越强烈，对康养需求有了越来越高的品质追求。结合快速发展的休闲旅游，休闲与健康有机结合，相互融合，康养旅游迎来了巨大的发展机遇。

在国外，康养旅游的发展源于健康旅游（health tourism or health travel）。康养旅游的实践最早开始于14世纪初依托天然温泉资源的SPA，这是康养旅游形成的标志。与其他旅游形式相比，早期的康养旅游主要以自然资源为依托，与普通旅游差别不大；19世纪中期，“电力革命”为了利用自然资源而开发了许多生活服务型健康服务，如温馨的酒店住宿、水上运动、高尔夫等，为旅游业提供了发展空间，20世纪90年代中期，康养旅游迅速发展，康养旅游中的保健、按摩和心理疗养等内容更加丰富。美国、墨西哥等国掀起了康养旅游的热潮，在康养旅游的基础上增加了医疗护理，更加注重疏导游客的感受和心理。

在亚洲，泰国的康养旅游起步较早，由于其独特的自然资源和泰式按摩，发

[1] 任宣羽．康养旅游：内涵解析与发展路径[J]. 旅游学刊，2016, 31（11）:1–4.

展势头明显强于其他国家。改革开放后,特别是加入WTO后,我国旅游业有了很大的发展。康养旅游在中国起步较晚,目前正处于发展的初级阶段。康养旅游的实践探索先于理论研究。正是这一特点导致了我国康养旅游的发展缓慢且不规范。目前,迫切需要制定相应的康养旅游发展规划和政策。2012年,苏浙沪市场率先提出要重点打造"中国阳光康养旅游城市",旨在实现符合自身现状和当时要求的创新、绿色、协同、现代康养旅游之路。随后,我国其他地方政府根据国务院文件的要求,结合自身特点,制定了相应的康养旅游发展政策。至此,我国的康养旅游正式进入了现代化、制度化的新进程。

研究康养问题的出发点和落脚点在于构建康养治理现代化体系,提升康养治理现代化能力,促进康养高质量发展,应重点聚焦在康养治理体系和作用机制。与传统的政府管理模式不同,现代治理要求向政府、市场、社会和民众共治转变,强调多元主体参与,更加注重各方协同,要充分发挥各主体的主动性和主体作用。这种主体性的发挥不是绝对的、单向的,而是相对的、互动与合作的,构建有机统一、相互协调、整体联动的康养治理体系,促进康养高质量可持续发展,从根本上弥补政府、市场和社会单一主体治理的局限性[1]。

随着旅游问题的频发和旅游经济比重的不断提高,国家越来越重视政策和制度导向,逐步形成健康产业和康养旅游的高层设计,从而促进健康产业和康养产业更好的发展。

[1] 吴文武,张燕婷.健康中国战略视阈下的康养治理研究[J].中国行政管理,2022(2):94–99.

第一节 康养旅游治理政策概述

2015年,继提出建设“美丽中国”之后,“健康中国”战略启动,康养旅游首次被写入政府工作报告,成为国家战略。它与“美丽中国”“平安中国”一起,成为“十三五”规划的三个关键词,开启了“大健康”时代的新蓝海。康养旅游政策上升到国家层面以来,中央提出了一系列建设性的发展思路,并公布了国家康养旅游的基本示范标准。其中,在康养旅游基本建设标准方面,康养旅游必须纳入旅游专项规划,至少按照3A级标准建设,结合自然和人文资源,营造优美的旅游环境,注重健康服务,在服务上要有坚实保障。2016年1月,国家旅游局对康养旅游给出了明确定义,康养旅游是指通过养颜健体、营养膳食、修身养性、关爱环境等多种手段,使人在身体、心智和精神上都达到自然和谐的优良状态的各种旅游活动的总合。《国家康养旅游示范基地标准》出台后,“康养旅游”一词开始出现在云南、海南等地方政府的文件中。在高层设计的引导下,在消费市场的刺激下,各地方政府积极思考养生旅游产业的发展,结合自身的发展条件规划,建设特色康养旅游示范基地。如:四川省攀枝花市于2012年编制了《中国阳光康养旅游城市发展规划(2012—2020)》;云南省于2016年发布了《云南养老旅游发展专项规划(2016—2030)》。一系列康养旅游政策及规划的实施,大大助推了康养旅游产业的发展。

一、国家层面的政策

从2016年1月出台《国家康养旅游示范基地标准》至2018年12月,国家及各部委出台了16项康养旅游建设专项政策和13项康养旅游相关政策,其中11项明确提到了康养旅游的发展要求。国家康养旅游政策的重点是发展新型健康服务,营造健康服务环境,解决与人民健康相关的重大问题。通过积极推进健康养老、旅游、健身休闲和食品工业的融合，形成新的健康产业。“健康中国”上升为国家战略后，推动健康文化产业和体育医疗康复产业成为当务之急，这就要求制定健康和保健旅游产业的标准，推动完善全民健康体系，为打造具有国际竞争力的健康和保健旅游目的地提供基础。国家发布的康养旅游相关政策文件如表 5-1 所示。

表5-1 国家发布的康养旅游相关政策统计表

发布机关	联合发布机构	政策文件	发布时间
国务院	—	《“健康中国 2030”规划纲要》	2016 年 10 月
		《关于深入推进农业供给侧结构性改革 加快培育农业农村发展新动能的若干意见》	2017 年 2 月
		《关于实施乡村振兴战略的意见》	2018 年 2 月
		《关于促进健康服务业发展的若干意见》	2013 年 9 月
		《国务院关于实施健康中国行动的意见》	2019 年 7 月
		《第十四个五年规划和 2035 年远景目标纲要》	2021 年 3 月
国务院办公厅	国家旅游局	《国家康养旅游示范基地标准》	2016 年 1 月
		《关于开展健康旅游示范基地建设的通知》	2017 年 8 月
国务院组成部门	国家六部委	《生态扶贫方案》	2018 年 1 月
	国家六部委	《关于推动落实休闲农业和乡村旅游发展政策的通知》	2017 年 6 月
	国家发改委	《关于美丽特色小（城）镇建设的指导意见》	2016 年 10 月
	国家五部委	《关于促进健康旅游发展的指导意见》	2017 年 5 月
		《关于建立特色小镇和特色小城镇高质量发展机制的通知》	2018 年 9 月
国务院直属机构	国家林业局	《关于启动全国森林体验基地和全国森林养生基地建设试点的通知》	2016 年 2 月
		《林业发展“十三五”规划》	2016 年 5 月
		《中国生态文化发展纲要（2016—2020 年）》	2016 年 4 月
		《关于大力推进森林体验和森林养生发展的通知》	2017 年 8 月
	国家中医药管理局	《关于促进中医药健康旅游发展的指导意见》	2015 年 11 月
	健康中国行动推进委员会	《健康中国行动（2019—2030 年）》	2019 年 7 月

二、省级政策

自2016年1月出台《国家康养旅游示范基地标准》以来，省市两级都出台了一些具体政策。其中，浙江出台了12项专项政策。其他省份，如海南、河北、云南和四川，虽然出台的专项政策数量少于浙江，但在政府工作报告及专项规划中大部分都有与康养旅游有关的要求。例如，河北省政府大力支持康养旅游的发展，并在2016年发布了《“大健康新医疗”产业发展规划（2016—2020年）》，未来15年，河北省将重点建设一批康养旅游基地，结合地方特色，着力打造一批功能齐全的康养旅游和康养示范基地，形成河北康养的旅游文化名片。2017年，河北省加大力度，形成了“1+2+8”推进旅游建设的政策体系，即《河北省旅游业“十三五”发展规划》《关于全省旅游业发展体制机制改革的若干意见》《关于实施旅游产业化战略建设旅游强省的意见》，同时还配套实施了包括《河北省旅游基础设施提升行动计划》《河北省全域旅游示范区创建行动计划》《旅游新业态新产品建设行动计划》等在内的“八个专项行动计划”，专项政策中涉及的休闲旅游项目共计21个等。浙江省、河北省等14个省份的专项政策中涉及康养旅游要求，主要是针对康养旅游建设并兼顾景区建设需求。此外，大部分省份都出台了康养旅游专项政策，在多个政府文件中对建设康养旅游的要求进行了说明，并支持其他类型旅游产业的发展。但总的来说，无论是国家、省还是市级，与康养旅游相关的有针对性的专项政策依然较少。

第二节　康养旅游治理政策类别

康养旅游作为一种新的旅游形式，目前还不成熟，有赖于政策扶持和国家调控；国家和省级基于康养旅游的政策体系涵盖四个方面：规划建设、财政与金融、资源控制和行业标准。

一、规划建设政策

国家层面的康养旅游政策出台时，提出的规划建设政策主要是以原则指导为主。2016 年 1 月，国家旅游局在康养旅游示范基地发展的基础上，出台了《国家康养旅游示范基地标准》，明确要求，康养旅游示范基地应包括康养旅游核心区和康养旅游依托区两个区域，而康养旅游通过产业联动平台，为公共休闲、信息咨询、旅游安全、休闲教育等公共服务体系提供保障。通过发展康养旅游的主要元素和康养旅游的主要内容，打造要素齐全的特色产业、链条完整的康养产业、公共服务完善的康养旅游目的地，大力推进康养示范基地建设。例如，《国家林业局关于印发〈中国生态文化发展纲要（2016—2020）〉的通知》指出，我国 4300 多个森林公园、湿地公园、沙漠公园和 2189 处林业自然保护区，森林旅游和林业休闲服务业年产值 5965 亿元；森林文化、竹文化、茶文化、花文化、生态旅游、休闲养生等生态文化产业，正在成为最具发展潜力的就业空间和普惠民生的新兴产业。利用丰富而稀缺的民族医药资源，在全国范围内建设生态文明教育示范基地、民族医药康复基地和自然课堂；推进民族医药、温泉、中医药、美丽乡村、民族生态文化原生地等不同类型和特色的民族医药养生、温泉、美容、休闲等健康服务；推动发展与乡村休闲、健康养生、自然教育、乡村振兴、民族民俗等生态文化相结合的生态文化产业，发展具有历史印象、文化底蕴、地域特色和民族特色的生态文化村，建设走生态文明道路的美丽乡村，实践特色发展模式。

二、财政与金融政策

自“健康中国 ”战略实施以来，健康产业的资本市场不断增长，超过了 10 万亿的市场份额，并将随着时间的推移继续增长。作为这个行业的一部分，康养旅游不仅有巨大的市场潜力，而且还有大量的国家各种金融资金扶持，这体现在政府的四个财政资金支持上。

（一）中国政企投资基金加大对旅游等服务业资金投入

2015 年 12 月，国务院成立了唯一的国家投资引导基金——中国政企投资基金。该基金由财政部发起，投资领域包括交通、市政工程、绿色建筑、文化和旅游、环境保护。设计项目的总投资为 8 000 亿元人民币。2016 年 11 月，财政部发布了《关于加强中国政企合作投资基金管理的通知》，要求中国政企投资基金积极探索与民间资本合作的模式和途径，对涉及民营企业的政企合作（PPP）项目给予政策倾斜，更多的方面还体现在资金必须投资于卫生、文化、养老、教育、体育、旅游等公共服务。

（二）国家开发银行支持新兴产业的发展

2017 年 6 月，发改委与国家开发银行的《关于支持战略性新兴产业发展的战略合作协议》表示，“十三五”期间，国家开发银行对新兴产业的规划，对《“十三五”国家战略性新兴产业发展规划》中的 21 项重大工程重点支持，至少将设立 1.5 万亿的创新融资支持平台，通过挂钩贷款和小额信贷等创新模式，加大力度支持创新型中小企业。同时，国家发改委将加强协调配合，积极鼓励银行与企业结对贷款，确保金融支持举措的落实。

（三）发改委与财政部支持乡村振兴的措施

2018 年 9 月，发改委、财政部和亚洲开发银行签署了《乡村振兴的谅解备忘录》，预计亚洲开发银行将与其他发展伙伴合作，在 2018—2022 年期间提供估计总额为 60 亿美元的资金，以支持全国各地实施乡村振兴战略。我国将充分利用亚洲开发银行和其他多方的资金和智力支持，推动乡村振兴优先领域的发展，包括城乡发展一体化。

(四)地方政府专项资金支持健康养生产业

如：2017年9月，上海市政府发布的《关于推进上海美丽健康产业发展的若干意见》指出，本市充分利用现有专项资金，支持市级特色美丽健康产业发展。美丽健康产业作为上海健康产业的重要组成部分，有必要将美丽健康产业作为引领健康产业发展的重要支柱，构建完整的美丽健康产业链；2017年，杭州市现代服务业引导资金用于支持健康产业项目建设，根据健康产业增加值、健康产业项目数量、当年健康产业项目投资额、健康产业载体数量等四项指标，切块下达到区、县(市)；2018年11月，山西省农业农村厅印发的《山西省2018年农村农林文旅康产业融合发展建设项目实施方案》指出，山西省从2018年开始开展农、林、文、旅、康养产业融合发展试点工作，2018年省财政安排补助资金6000万元，晋城市作为试点市收到补助1000万元；截止2017年12月，广西财政累计筹资10亿元用于支持健康养老产业发展和服务体系建设。

三、资源控制政策

旅游资源是旅游业发展的基础。康养旅游主要是指养生、休闲和健康旅游活动。《中共中央 国务院关于深入推进农业供给侧结构性改革 加快培育农业农村发展新动能的若干意见》指出，充分发挥乡村各类物质与非物质资源富集的独特优势，利用"旅游+"、"生态+"等模式，推进农业、林业与旅游、教育、文化、康养等产业深度融合。

2018年，国务院印发的《关于实施乡村振兴战略的意见》进一步指出，实施休闲农业和乡村旅游精品工程，建设设施完备、功能多样的休闲旅游园区，包括民族医药馆、康养基地、乡村民宿、特色小镇等。加快发展民族医药草原旅游、河湖湿地观光、冰雪海上运动、野生动物驯养与观察，积极发展旅游农业服务、休闲娱乐、健康养生、生态教育等服务。

四、发展政策

（一）《景区游客高峰时段应对规范》

2017 年 11 月，国家旅游局发布的《景区游客高峰时段应对规范》，“旅行社在线管理与服务规范”“温泉旅游企业星级分类与评价”“温泉旅游春季质量等级分离”等行业标准，2018 年 5 月 1 日正式实施。系列标准分别规范了景区高峰时段的应对要求、旅行社的经营与服务、星级评定的条件和温泉旅游企业的服务质量，以促进景区和温泉旅游企业的标准实践。

（二）《国家工业旅游示范基地规范与评价》

2017 年 12 月，国家旅游局批准发布了《国家工业旅游示范基地规范与评价》的行业标准，明确了工业旅游示范基地的术语与定义、基本条件、基础设施与服务、配套设施与服务、旅游安全、旅游信息化和综合管理等内容。由于工业旅游规模和配套设施的多样性，该标准旨在规范工业旅游配套设施，强化工业遗产的保护和展示功能。该标准不是强制性标准，突出的是引导性，国家出台相应的标准，帮助行业对标。该标准有助于工业旅游标准的制定。达到相应的标准后，相关工业旅游可以享受国家统一的认证、评级、政策扶持等方面的奖励。

（三）特色小镇规范意见

2016 年 7 月，住房城乡建设部、国家发展改革委、财政部等三部委联合下发通知，决定在全国范围内开展特色城镇的培育，到 2020 年培育 1000 个左右特色城镇。随着第一、第二批特色城镇的公布，特色城镇建设正如火如荼地进行。2017 年 12 月，国家发展改革委、国土资源部（今自然资源部）、环境保护部（今生态环境部）、城乡建设规划部联合发布《关于规范推进特色小镇和特色小城镇建设的若干意见》，特色城镇和小城镇通过加强供给侧结构改革的重要平台，推动新型城镇化建设和紧急转型升级。

同时，要从实际出发，遵循客观规律，防止盲目发展和形而上学，更要严格控制房地产化的倾向。《关于规范推进特色小镇和特色小城镇建设的若干意见》强调，建设特色城镇要结合产业发展，融入特色文化，体现创造性。同时，关于特色城镇建设在投资、土地、建设、开发利用方面呈现出的专业性和连续性的要求，不能为了追求旅游发展而盲目跟风，最好以点带面，科学规划，统筹协调。

（四）乡村旅游的土地政策

国土资源部、国家发改委为鼓励存量土地利用，两部委联合下发了《关于深入推进农业供给侧结构性改革 做好农村产业融合发展用地保障工作的通知》，对利用存量建设用地进行农产品加工、农产品冷链、物流仓储、产地批发市场等项目建设或用于小微创业园、休闲农业、乡村旅游、农村电商等农村二、三产业的市、县，可给予新增建设用地计划指标奖励，这一政策对于规范土地供应、促进农村产业现代化和推动乡村康养旅游发展具有重要意义。一是，通过土地供应改革，推动美丽乡村建设，促进农村产业现代化，打造新型文化产业，以客观上回应文化旅游发展的用地需求。二是盘活农村集体建设用地，利用农村集体建设土地进行旅游项目开发，可以缓解城市土地的压力，刺激产业从城市向农村转移。

第六章 康养旅游的相关研究

第一节 国外研究现状

一、康养旅游的概念研究

跟国内比起来，欧美国家的学者在很早以前就已经围绕康养旅游展开过全方位的研究，*Tourism Management*（1988）等刊物里面重点介绍了康养旅游的发展情况。穆勒(Mueller H)(2006)认为，养生旅游应当被归类到健康旅游中[1]。约佩(Joppe M)(2010)提出的观点是，健康旅游应当完全覆盖养生、医疗、体育这几大业态[2]。伦特(Lunt N)、卡雷拉(Carrera P)(2010)提出的观点是，跟健康活动有关的旅游活动都属于养生旅游[3]。博科克(Bocock N S)(2016)对各个国家的医疗旅游展开了详细的评估，最终得出的结论是，健康旅游全方位覆盖医疗旅游[4]。康奈尔(Connell J M)(2006)认为，即便游客参与康养旅游更多是为了实现身心

[1] Mueller H, Kaufmann E L. Wellness tourism: market analysis of a special health tourism segment and implications for the hotel industry[J]. Journal of Vacation Marketing, 2011,7（1）:5–17.

[2] Joppe M. One country's transformation to spa destination: the case of Canada[J].Journal of Hospitality&Tourism Management,2010, 17（1）:117–126.

[3] Lunt N,Carrera P. Medical tourism: assessing the evidence on treatment abroad[J]. Maturitas,2020, 66（1）: 27–32.

[4] Bocock N S, Kai H P. Medical tourism and policy implications for health systems: a conceptual ramework from a comparative study of Thailand, Singapore and Malaysia[J]. Globalization & Health, 2021, 7（1）:12.

健康，但游客的个人的差异决定了游客倾向的差异，有的游客更加倾向于养生，有的游客则更加倾向于医疗，可见康养旅游的定义非常丰富[1]。

二、康养旅游的开发研究

雅典娜（2014）提出的观点是，旅游者之所以愿意参与温泉旅游，其出发点有很多，所以应当结合他们的出发点来推出更加适宜的温泉旅游产品。罗宾－布塞尔（Robyn Bushell）等（2015）进一步明确了养生旅游的内涵、动因、构成要素，重点强调因为文化背景的关系，游客对养生旅游的需求和体验会存在明显的区别[2]。塔列哈尼（Taleghani M）（2016）提出基于动因、满意度来评价游客，根据得出的结论，来挖掘康养旅游面临的问题[3]。恒安（Heung VCS）（2018）指出，中国的自然资源以及文化资源非常丰富，要是政府能够加强引导，稳步推进康养资源的整合与开发，可以进一步促进中国康养旅游的发展，提高相关产业的影响力[4]。谢里法巴迪（Sharifabadi A M）（2019）认为，发展康养旅游的关键在于提高旅游者的满意度，应当不断完善硬件设施以及配套设施，加强旅游从业人员的在职培训[5]。费雷尔（Ferrer J G）（2021）通过结构模型法，分析了西班牙老人旅游和健康

---

[1] Connell J M.Medical tourism: Sea, sun, sand and … surgery[J].Tourism Management, 2006, 27(6):1093–1100. DOI:10.1016/j.tourman.2005.11.005.

[2] Robyn B, Pauline J.Sheldon.Wellness and Tourism: Mind, Body, Spirit[J].Annals of Tourism Research, 2015（9）:45–49.

[3] Taleghani M, Largani M S, Mousavian S J. The role of health tourism in development process（concepts and applications）[J]. Australian Journal of Basic & Applied Sciences, 2016,5（10）:544–550.

[4] Heung V C S, Kucukusta D. Wellness Tourism in China: Resources, Development and Marketing[J]. International Journal of Tourism Research, 2018,15（4）:346－359.

[5] Sharifabadi A M, Ardakani F A. A model for health tourism development using fuzzy TOPSIS and interpretive structural modeling in Yazd province[J]. Journal of Health Administration,2019（9）:45–49.

之间的关系[1]。李（Lee C G）对国外整体康养旅游的研究发展进行了总结[2]；恭平（Kyohei Y）跟踪温泉旅游的发展现状，发现全球的温泉旅游目的地正在逐渐从养生目的地向观光目的地转变，旅游公司将传统医疗资源、专业医疗服务机构、水疗等以健康养生为目的的活动与传统旅游活动相结合，打造养生旅游产品。[3]

三、康养旅游发展模式研究

国外有关康养旅游发展模式的研究多集中在发展模式设计与开发方面，大多基于当地的资源特点、文化风俗等条件，康养模式不是单一的，而是多种模式融合发展，从而满足游客多元化的需求。国外比较典型的康养模式有康养医疗、森林保健以及温泉养生等。安德里亚（Andrea D L H）等（2018）分析了医疗旅游（MT）研究的演变，第一次尝试使用文献计量方法和共词分析，从学术文献中对机器翻译研究的概念结构提供强有力的见解，并可视化所有潜在的和相互关联的子领域[4]。斯兹罗梅克（Szromek）等人（2020）建议用可持续 CANVAS+ 商业模式对健康旅游企业进行转型，并以可持续价值形式将上述关键活动定位在该模式中[5]。亚伯拉罕（Abraham P）（2020）从社会关系学角度出发，通过对以色列的康养旅

[1] Ferrer J G, Sanz M F, Ferrandis E D, et al. Social Tourism and Healthy Ageing[J].International Journal of Tourism Research, 2021（4）: 1093–1100.

[2] Lee C G. Health care and tourism: Evidence from Singapore[J]. Tourism Management, 2009, 31（4）:65–78.

[3] Kyohei Y, Hiroyuki I I, Masanobu T. Changes of hydrogen and oxygen stable isotops and water quality of dry season in the yakushima island[J]. Proceedings of hydraulic engineering, 2008, 5（2）:93–113.

[4] Andrea D L H, Francisco M, Márta B. Past themes and future trends in medical tourism research: A co-word analysis[J]. Tourism Management, 2018, 65（21）:231–275.

[5] Szromek A R. Transformation of Business Models in Spa Enterprises for Medical Purposes in Situations of Epidemic Threats[J]. Journal of Open Innovation: Technology, Market, and Complexity, 2020,7（2）:96–118.

游游客进行调查，发现康养目的地产品开发越合理，游客对康养旅游的感情就越有利，对康养旅游目的地的态度也就越积极[1]。琼(Joan C)(2020)研究了新加坡国民旅游业对健康旅游的发展影响。与此同时，各国的养生旅游产品也在不断完善，打造了一批养生旅游胜地[2]。

在用多种研究方法研究康养旅游发展模式研究方面，国外学者更喜欢通过跨文化研究法、边界空间研究法等方法。迈克尔(Michael G)(2021)从质量感知的角度研究分析了医疗游客与墨西哥医疗旅游保健服务[3]。索尔塔尼(Soltani S)等人(2021)对康养旅游进行了边界空间研究。为了研究这一问题，他们对前往伊朗大不里士的阿塞拜疆、亚美尼亚和伊拉克医疗游客进行了调查研究。在测试的一系列因素中，适当的基础设施和医疗旅游监测对塑造医疗游客的边界空间的影响最大[4]。

第二节　国内研究现状

国内对康养旅游的研究起步较晚，主要是由旅行社和开发公司推动，以及社会发展带来的新的旅游需求。同时，学术界逐渐重视康养旅游的研究，相关研究

[1]Abraham P, Natan U, Arie R. The intensity of tourist host social relationship and its effects on satisfaction and change of attitudes: the case of working tourists in Israel[J]. Tourism Management, 2020, 21（4）:57–83.

[2] Joan C, Henderson L. Wellness tourism and spatial stigma: A case study of Bama, China[J]. Tourism Management, 2020, 78（12）:102–133.

[3] Michael G, Audra M. Mexico's medical tourism healthcare service quality: a content analysis of international patients' online testimonials[J]. International Journal of Leisure and Tourism Marketing, 2021, 7(2):156–184.

[4] Soltani S, Ghorbanian M, Tham A. South to South Medical Tourists, the Liminality of Iran?[J]. Journal of Quality Assurance in Hospitality & Tourism, 2021, 22（1）:136–168.

成果不断增多。包括医药康养旅游在内的相关方向已逐渐成为蓬勃发展的旅游研究课题。

一、康养旅游的概念研究

中国期刊全文数据库（CNKI）自 2009 年起才出现了“康养旅游”这个词汇，王赵（2009）提出的观点是，游客因为被旅游资源所在地的自然风光、康养文化所征服，为调节身心、强健体魄，以观光度假、登山徒步等方式完成“健康 + 养生”旅游，这就是所谓的康养旅游[1]。陈永涛等（2014）主要结合现有的研究结论，提出应当参考主题、目的、关系、融合等层面来解释康养旅游的含义[2]。赖启航等（2019）提出，康养旅游属于亚健康群体、老年群体为追求养生生活，到自然风光优越的地方开展的旅游活动[3]。任宣羽（2020）认为，康养旅游应当被归类到专项度假旅游这个范畴，游客之所以会到条件优越的目的地旅游，为的是放松身心和获得幸福感[4]。

二、康养旅游的开发研究

有关康养旅游资源类型的研究，目前并未形成一致认同的定论，因为认定标准的差异而被分化为不同的资源类型。刘妍等（2017）将四川的康养旅游资源划分成了自然康养类、人文养生类这两种，至于其他的种类，则全部从中分化而出[5]。祝向波（2017）提出的观点是，康养旅游资源应当根据康旅、康体、康疗来

[1] 王赵 . 国际旅游岛 : 海南要开好康养游这个” 方子” [J]. 今日海南 ,2009（12）:12.

[2] 陈永涛 , 谭志喜 . 养生旅游概念探析 [J]. 商业时代 ,2014（7）: 131–133.

[3] 赖启航 , 孔凯 . 健康养生视角下盐边县康养旅游开发初探 [J]. 攀枝花学院学报 ,2019（4）:5–7.

[4] 任宣羽 . 康养旅游：内涵解析与发展路径 [J]. 旅游学刊 , 2020（11）: 1–4.

[5] 刘妍 , 何小东 , 马锐 , 等 . 四川康养旅游资源评价及开发模式研究 [J]. 当代旅游 ,2015（6）:18–22.

划分,在此基础上再进行细分[1]。

(一)有关康养旅游市场与产品设计

有关康养旅游产品的设计。吴耿安、郑向敏(2017)通过分析后发现,康养旅游应当围绕生态养生、运动休闲等维度来分类[2]。目前针对康养旅游产品的研究主要围绕森林康养、中医药康养的角度展开。干永和(2017)重点分析了消费者的需求,进一步明确了现阶段备受关注的中医药康养旅游产品与服务,评估相关产品的市场表现,综合评估结论,阐释与产品开发有关的建议[3]。朱晓辉(2018)重点研究了舟山健康旅游产业在发展中遭遇的各项问题,根据问题推出了健康旅游产品体系[4]。刘照(2019)从旅游者的偏好以及体验型旅游产品的角度,为江西森林康养旅游产品提供设计方案,在设计的过程中,完全参考营销、类型等影响因素[5]。陈静等(2019)对"桃源七里"农家乐集聚区展开了分析,最终发现衢州山区乡村可以推出符合游客需求、满足市场标准的森林康养旅游产品,为此还专门制定了一系列开发策略[6]。腊甜甜等(2020)研究了上海市崇明区的康养旅游产品,根植于 RMP 分析,阐释了相关产品的开发方案,要着力建设"动静结合的运动休闲养生岛"[7]。陈莉娟等(2020)重点研究了浙江省景宁草鱼塘森林公园的现状,发现当地具有非常丰富的森林康养资源,完全可以开发这些资源,为此还专门打造

[1] 祝向波 . 攀枝花市康养旅游资源评价与开发研究 [D]. 成都:成都理工大学 ,2017.

[2] 吴耿安 , 郑向敏 . 我国康养旅游发展模式探讨 [J]. 现代养生(下半月版), 2017(3):294–298.

[3] 干永和 . 基于消费者偏好的中医药康养旅游产品开发策略研究 [D]. 北京 : 北京中医药大学 ,2017.

[4] 朱晓辉 . 基于产业融合理论的舟山健康旅游发展研究 [J]. 江苏商论 , 2018(10): 76–80.

[5] 刘照 . 基于游客偏好的江西森林康养旅游产品体系构建研究 [D]. 南昌:江西农业大学 , 2019.

[6] 陈静 , 潘轶儒 , 徐美贞 , 等 . 衢州山区乡村森林康养旅游资源特征及其开发策略研究:以"桃源七里"农家乐集聚区为例 [J]. 园林 , 2020(1): 66–69.

[7] 腊甜甜 , 李延超 , 吕咏 , 等 . RMP 模式下上海市康养旅游产品开发策略研究:基于崇明区旅游目的地的分析 [J]. 运动精品 , 2020, 39(4): 40–43.

了森林康养旅游产品框架[1]。

（二）有关康养旅游发展模式

邓三龙（2016）围绕湖南省的康养旅游发展模式展开了分析，最终得出的结论是，可以基于健康检测、疾病预防等 5 个维度来进行探索[2]。刘秋兰等（2017）提出“旅游 +”属于中医药健康旅游的大势所趋，为此专门分析了岭南地区的中医药健康旅游产业，最终认定了中药同乡村旅游、养生旅游等融合发展的新模式[3]。陈巧（2017）认为，四川打造康养旅游产业期间，应当着力结合更加丰富的休闲体育产业，走创新开发的路线，提供更加新颖的服务，这样可以确保整个产业具有足够的市场竞争力[4]。戴金霞（2017）总结了“中医药 + 旅游”“康养旅游 + 体育”等康养旅游产业“旅游 +”发展模式[5]。

三、康养旅游的现状及开发策略的研究

国内对于康养旅游的现状研究多以案例研究为主，从点到面，针对个案调查研究来找出康养旅游开发过程中出现的各种问题，从而提出相应的开发策略方案。郭娜、崔家善（2017）从国内外生态旅游发展状况来分析生态旅游的理论与实践问题，并从黑龙江省中医药发展现状分析医疗健康产业的优势、医养融合的优势以及中药种植的优势，然后阐述“生态旅游 + 中医养生 + 中药种植”三产融

[1] 陈莉娟，刘金林，周天焕，等．依托森林公园发展森林康养旅游的探讨：以浙江省景宁草鱼塘森林公园为例 [J]. 华东森林经理，2020,34（1）: 56–59.

[2] 邓三龙．森林康养的理论研究与实践 [J]. 世界林业研究，2016（6）: 1–6.

[3] 刘秋兰，潘虹，何燕，等．“旅游 +”发展理念下的岭南地区中医药健康旅游发展模式探索 [J]. 旅游纵览（下半月），2017（3）: 26,28.

[4] 陈巧．四川省休闲体育与康养产业融合的发展研究 [J]. 当代体育科技，2017, 7（17）:220–221.

[5] 戴金霞．常州市康养旅游产品开发与产业发展对策研究 [D]. 南京：南京师范大学，2017.

合发展的机理[1]。赵恒伯等(2020)总结了近年来中医药康养旅游研究情况，认为中医药康养旅游研究焦点主要集中在概念界定与内涵分析、发展中医药旅游的资源条件分析、中医药康养旅游产品的开发研究、中医药旅游产品的类型分析、实践层面的中医药康养旅游执行措施与模式研究、中医药康养旅游发展策略研究这6个方面[2]。

四、关于广西康养产业的研究

学者们的康养研究对象遍布我国的大江南北，如四川、贵州、江西、湖南、广西等地的资料都有。例如张厚美(2017)针对四川省广元市打造“生态康养旅游”市这一举措，发表了一些实用的见解[3]。黄岚(2015)指出了贵州省依托绝佳的气候资源、优良空气质量、纯净山水文化、绿色生态保健食品等资源优势，将着力发展休闲养生、滋补养生、康体养生、温泉养生四大健康养生业态[4]。邓金春(2016)对广西大明山森林康养旅游开发优势和不足进行了详细分析[5]。

随着对广西区域内长寿之乡文化品牌的不断重视，广西的康养产业研究也在不断地发展，既有对康养产业县域的研究，也有对康养产业中的一些领域如旅游、制药等方面进行研究。总体来看，有两个研究层面。

一是以广西全区作为对象，进行全局性的研究。赵桂阳(2018)从政治、经济、

[1] 郭娜，崔家善．论“生态旅游 + 中医养生 + 中药种植”三产融合发展：以黑龙江省为例[J]. 学术交流，2018, 3(9):133–140.

[2] 赵恒伯，吴海波，肖笑飞，等．近20年国内中医药康养旅游研究进展[J]. 江西中医药大学学报，2022, 34(1):115–119.

[3] 张厚美．广元市打造“生态康养旅游”[J]. 环境教育，2017(Z1):90–91.

[4] 黄岚．贵州着力发展养生产业[J]. 中国农村卫生，2015(9):29.

[5] 邓金春．广西大明山自然保护区开发森林康养旅游研究[J]. 林业调查规划，2016,41(5):102–105,111.

社会和科技四个方面对广西大健康产业的发展环境进行分析，从而探索广西大健康产业未来的发展前景[1]。陈文捷、李想（2016）通过波特钻石理论对广西健康养老养生旅游产业竞争力进行分析，提出了广西健康养老养生产业发展策略：把握优势要素整合产业资源，创新健康产品，加强相关产业的发展，提升产业的融合力度，完善产业结构促进产业的多元发展，利用政府职能加大对产业的投入[2]。周曦、李佳丽（2018）运用 SWOT 分析了广西发展康养旅游的优劣之处及其面临的挑战与机遇等大环境，并提出广西康养旅游发展路径[3]。

二是以县域为研究对象，较为细致地进行局部康养产业发展的研究。蓝磊斌（2014）对马山县的长寿旅游资源进行了介绍，并针对马山县发展长寿旅游存在的一些问题，提出了注重长寿资源利用的可持续性、大力实施品牌战略、加强旅游人才的培养等解决方案，以促进马山县长寿旅游的发展[4]。巴马是广西长寿文化、康养产业的研究和实践的热点，以巴马康养旅游、长寿文化开发为对象的研究十分多。向梅（2015）的硕士论文在指出养生旅游对巴马带来巨大发展的同时，也对巴马养生旅游的可持续发展带来了诸多挑战，因而要积极探索可持续发展之路，将巴马由传统养生旅游转变为集传统文化、高科技于一体的综合养生旅游目的地[5]。这些列举只是社会、学界对巴马康养产业研究的冰山一角，可惜的是学界对其他“长寿之乡”的关注和研究较少，这也表明县域层面下的广西康养产业研究的单极化现象较为严重，地方宣传力度薄弱、产业发展程度参差不齐的现象。

[1] 赵桂阳 . 浅谈广西大健康产业发展环境分析 [J]. 西部皮革，2018，40（10）:19-20.

[2] 陈文捷，李想 . 广西健康养老养生产业发展策略研究 [J]. 商业经济，2016（5）：13

[3] 周曦，李佳丽 . 广西康养旅游发展路径思考 [J]. 旅游纵览（下半月），2018（7）：107-108.

[4] 蓝磊斌 . 马山县发展长寿旅游的思考 [J]. 企业科技与发展（下半月），2014（6）：199-200.

[5] 向梅 . 广西巴马养生旅游的问题及发展对策研究 [D]. 长沙：湘潭大学，2015.

第三节　文献评述

根据研究的需要，对与康养旅游相对应的理论文献进行了研究，西方国家的研究主要集中在游客满意度、康养旅游对游客的影响、康养旅游的可持续发展等方面。我国研究者虽然从不同层面对康养旅游进行了研究，对康养旅游的概念和内涵进行了解释，但有些说法并不一致；对康养旅游的研究虽然进行了类型化、目的地创建和产品设计的研究，但并不统一，仍需深化。

国外学者对旅游目的地的案例研究集中在两个方面：一方面是疗养、治疗，主要是医疗旅游，包括疾病和治疗；二是休闲旅游的角度，主要是养生旅游，以休闲放松和恢复为主，疗养为辅。总的来说，国外的研究范围有一定的局限性，对于康养旅游模式的拓展和市场细分不足，很多研究者停留在大众化阶段。

结合国内对康养旅游产品发展的理论研究，可以归纳出康养旅游产品和康养旅游产品开发的概念。目前，国内对康养旅游的研究主要集中在温泉、森林、中医等理论实证或对康养旅游细分市场的研究。国内康养旅游主要关注点是旅游产品的开发研究，对民族医药康养旅游研究较少。现在市场已经普遍认可"康养旅游"这个词，康养旅游将蓬勃发展。

第三篇

广西民族医药文化与康养旅游融合发展

第七章 广西民族医药文化与康养旅游融合发展现状研究

随着生活水平的日益提高，人们对健康的生活方式有了更高的要求，健康与旅游产业进行有机结合和发展成为主导趋势，而“健康中国”的国家战略直接推动了旅游业的发展，康养旅游的诞生和发展，迅速得到市场的认可。一开始，全国各地都在开发本地区的自然资源，以健康养老为切入点，建设和发展具有地方特色的养生旅游区。然而旅游群体不仅仅是需求养老的老年群体，随着人们的身体或心理生活的压力倍增，许多青年群体或中年群体的身体或心理或精神处于亚健康状态，成为康养的主力军，他们更迫切希望获得身体健康和心理愉悦的健康生活方式。

第一节 现状分析

社会和经济的高速发展提高了人们的生活水平，但过度的心理压力和精神压力，对人们的身心健康产生极大的困扰。数据显示，亚健康人口在所有年龄段中占比超过 75%。70% 的 16~45 岁的城市居民表示，“健康是他们消费使用最多的话题”，因此，“为健康花钱”已经成为一种趋势。在现代新的消费趋势下，民族医学康养旅游悄然兴起，它独具的特质，如体验性、多样性和功能性，决定了需要寻求一个富含政策可行性、资源性、经验性和市场性的更高层次平台。广西作为一个拥有大量草本植物和旅游资源的大省，事实上，当深入探索会发现广西发展民族医学康养旅游有着得天独厚的天然优势，发展民族医药康养旅游资源对引领“广西 2030 健康”战略有理论和现实意义。

一、国内医药康养旅游的发展现状

民族医药康养旅游作为一个新兴业态，发展时间较短。2016 年，原国家旅游局、国家中医药管理局印发了《关于开展国家中医药健康旅游示范区（基地、项目）创建工作的通知》，计划用 3 年左右时间，在全国建成 10 个国家中医药健康旅游示范区，100 个国家中医药健康旅游示范基地，1000 个国家中医药健康旅游示范项目[1]。经过多方申报和专家评审，2017 年，原国家旅游局和国家中医药管理局联合公布了首批 13 个中医药健康旅游示范基地、15 个国家中医药健康旅游示范区（见表 7-1，表 7-2）。2018 年，国家中医药管理局网站公布了 73 家建立国家中医药健康旅游示范基地的单位名单。这 73 家机构遍布全国 31 个省、直辖市、自治区，包括北京、天津、上海、重庆市，以及内蒙古、广西、西藏、宁夏和新疆五个民族自治区。安徽、江西、山东等省有至少 4 个以上示范基地。这表明全国各地的积极性高，参与性强，辐射面广，很好地推动了中医药保健旅游项目的实施，促进了整体经济发展。

随着全国各地中医药康养旅游等新兴产业的快速发展，政策支持力度不断加大，吸引了越来越多的游客，康养旅游项目和产品也越来越多。据原国家旅游局和国家中医药管理局联合开展的一项 24 省（直辖市、自治区）中医药健康旅游

[1] 国家旅游局 国家中医药管理局关于开展国家中医药健康旅游示范区（基地、项目）创建工作的通知 [EB/OL].(2016-08-19)[2023-02-26].http://www.gov.cn/xinwen/2016-08/19/content_5100669.html.

现状调查显示，全国现有 454 个景区、度假村等机构和 90 多个中医药博物馆、中医药企业开展了中医药健康服务，其中 21 家中医药单位与旅游公司或旅行社签订了合作协议，15 家中医医疗机构开展入境中医医疗旅游服务，服务项目和产品主要有温泉、药浴、药膳、中医美容、药酒、保健茶、传统膏方、康体养生、医药保健品等[1]。广东率先打造了“中医药文化养生旅游”品牌，现有中医药养生旅游示范基地 40 家，18 条中医药养生文化旅游线路；浙江先后打造了一批中医药特色小镇、中医药特色街区、中医药主题民宿等中医药旅游产品，认定了 21 个中医药文化养生旅游示范基地[1]。

表7–1　全国首批中医药健康旅游示范基地创建单位名单

序号	省份	示范基地名称
1	天津	天津健康产业园
2	河北	河北秦皇岛市北戴河区
3	上海	上海新虹桥国际医学中心
4	江苏	江苏泰州市姜堰区
5	浙江	浙江舟山群岛新区
6	安徽	安徽池州市九华山风景区
7	福建	福建平潭综合实验区
8	山东	山东青岛市崂山湾国际生态健康城
9	广东	中国（广东）自由贸易试验区广州南沙新区
10	广西	广西桂林市
11	海南	海南三亚市
12	海南	海南博鳌乐城国际医疗旅游先行区
13	贵州	贵州遵义市桃花江

[1] 孟晓伟，姚东明，胡振宇．中医药健康旅游发展现状与对策研究 [J]. 江西中医药大学学报，2018,30(1):96–99.

表7-2 全国首批中医药健康旅游示范区创建单位名单

序号	省份	示范基地名称
1	北京	北京东城国家中医药健康旅游示范区
2	河北	河北安国国家中医药健康旅游示范区
3	山西	山西平顺国家中医药健康旅游示范区
4	吉林	吉林通化国家中医药健康旅游示范区
5	上海	上海浦东国家中医药健康旅游示范区
6	江苏	江苏泰州国家中医药健康旅游示范区
7	安徽	安徽亳州国家中医药健康旅游示范区
8	江西	江西上饶国家中医药健康旅游示范区
9	山东	山东日照国家中医药健康旅游示范区
10	湖北	湖北蕲春国家中医药健康旅游示范区
11	广西	广西南宁国家中医药健康旅游示范区
12	重庆	重庆南川国家中医药健康旅游示范区
13	四川	四川都江堰国家中医药健康旅游示范区
14	贵州	贵州黔东国家中医药健康旅游示范区
15	陕西	陕西铜川国家中医药健康旅游示范区

二、广西民族医药康养旅游发展概况

民族医药是我国少数民族传统医药的总称[1]。目前，学术界对民族医药康养旅游资源的分类标准研究很少。翁美英将养生旅游资源分为自然类和人文类两个主类，其中自然类分为山林养生旅游资源、乡村养生旅游资源、水滨养生旅游资源、草原盆地养生旅游资源四个亚类[2]。人文类在民族医药理论的指导下，整合各种疾病的预防、治疗、健身、实践方法，指导健康生活，不仅有实用价值，而且有心理素质、思维模式、外在因素、行为规律、艺术对象、历史典故等，它是涵盖了非物质等多方面的分类。

[1] 中央民族大学民族药课题组．民族药 [M]. 北京：中国经济出版社，2013：4.

[2] 翁美英．关于以《内经》养生理论为指导开展台湾养生旅游的探讨 [D]. 济南：山东中医药大学，2012：24.

(一)广西民族医药政策支持

利用资源优势,发展康养旅游。根据《广西壮族自治区人民政府关于促进旅游业改革发展的实施意见》(桂政发〔2015〕59号),要推动养老养生旅游产业、休闲养生、健康养生服务产业融合发展。利用广西良好的生态环境和民族医药等资源优势,重点发展巴马长寿养生旅游区,并在此基础上发展有区域特色的其他系列养生旅游项目(见表7-3,表7-4,表7-5)。

表7-3 第一批国家中医药康养旅游示范基地创建单位名单(广西)

序号	地区	名称	申报单位
1	广西	广西药用植物园	广西壮族自治区药用植物园
2		广西信和信桂林国际智慧产业园	桂林信和信健康养老产业投资有限公司

表7-4 广西首批中医药健康旅游示范基地名单(2019年)

序号	各市	申报单位	基地名称
1	区直	广西壮族自治区药用植物园	广西壮族自治区药用植物园
2		广西国际壮医医院	广西国际壮医医院壮医药文化健康旅游基地
3		广西中医药大学	广西中医药大学
4	南宁市	南宁佳利昌投资有限公司	紫薇庄园
5		上林县笑林旅游投资开发有限公司	上林县霞客桃源景区壮乡旅游度假区
6	柳州市	柳州和易堂中医养生服务有限公司 三江民族特色中医养生民宿体验馆	和易堂三江仙人山养生基地
7		广西仙草堂制药责任有限公司	仙草堂中药材生态产业园
8	桂林市	桂林信和信健康养老产业投资有限公司	信和信·桂林国际智慧健康旅游产业园
9		广西桂林瑶汉养寿健康产业有限公司	恭城瑶族自治县瑶汉养寿城
10	梧州市	广西摩天领田园生态农林有限公司	梧州农耕文化园
11		广西梧州市利和旅游有限公司	广西梧州市仙人湖生态旅游区
12	贵港市	贵港市覃塘区荷韵旅游投资有限公司	荷美覃塘国家AAAA级旅游景区
13	玉林市	广西五彩田园文化旅游投资股份有限公司	广西玉林"五彩田园"现代特色农业示范区
14		广西乐源大容山文化旅游投资有限公司	大容山国家森林公园
15	贺州市	广西正能农林健康产业有限公司	贺州市八步区森林仙草健康产业核心示范区
16	河池市	广西巴马寿乡旅游股份有限公司	巴马赐福湖长寿岛景区

表7-5　广西第二批中医药健康旅游示范基地名单（2021年）

序号	所属地区	申报单位	基地名称
1	南宁市武鸣区	广西大明山国家级自然保护区管理局	广西大明山中医药健康旅游示范基地
2	南宁市兴宁区	广西国悦九曲湾旅游开发有限公司	南宁市兴宁区三塘镇九曲湾温泉度假村中医药健康旅游示范基地
3	柳州市柳江区	广西古岭龙投资集团有限公司	广西古岭龙中医药健康旅游示范基地
4	桂林市全州县	桂林全州县大碧头旅游开发有限公司	桂林市全州县大碧头国际旅游度假区中医药健康旅游示范基地
5	梧州市藤县	梧州市石表山休闲旅游风景区发展有限公司	梧州市藤县石表山中医药健康旅游示范基地
6	防城港市上思县	上思可乐旅游发展有限公司	防城港市上思县十万大山布透温泉中医药健康旅游示范基地
7	玉林市容县	容县乐源文化旅游投资有限公司	玉林市容县都峤山中医药健康旅游示范基地
8	河池市罗城仫佬族自治县	广西罗城棉花天坑旅游开发有限公司	广西河池市罗城县棉花天坑中医药健康旅游示范基地
9	崇左市大新县	大新明仕旅游发展有限公司	广西大新明仕田园中医药健康旅游示范基地
10	崇左市大新县	大新德天老木棉旅游开发有限公司	广西大新老木棉景区中医药健康旅游示范基地

推动民族医药发展，构建特色服务体系。《广西中医药壮瑶医药健康服务发展规划（2016—2020 年）》强调了广西壮族自治区独特的民族医药品牌和健康服务资源，要保持和展示广西民族医药的特色和优势，努力建立健康服务体系。由此可见，国家和广西政府有关部门对具有民族特色的医药、卫生、养老、旅游等工作非常重视，这些都是支持壮瑶医药资源优势健康和养老旅游发展的政策基石。

2011 年，广西出台了《关于加快中医药民族医药发展的决定》和《壮瑶医药振兴计划（2011—2020年）》等一系列文件，成立了广西中医药民族医药发展领导小组，旨在实施中医药民族医药事业发展的十大重点工程和中医药壮瑶医药“三名”（即名医、名药、名院）战略，召开全区中医药壮瑶医药大会；2016年，自治区政府印发《广西中医药壮瑶医药健康服务发展规划（2016—2020年）》，为壮瑶医药在“十三五”期间的发展指明了方向；2017年，广西壮族自治区实施中医药壮瑶医药振兴计划，建成南方中药材种植基地、民族医药二次创新基地、国家基本药物中药材疾病原料药基地，不断加强民族医药新产品研发；广西玉林药业生产的“壮药四宝”（正骨水、云香精、鸡骨草胶囊、蛤蚧肾胶囊），是现代制药技术与壮族民间经验的结合；玉林市率先开辟中医药民族医药文化旅游专线，以南药展示、种植、应用（健康小镇）、文化宣传为一体的“五彩田园”休闲旅游观光成为新的热门旅游项目[1]。

（二）广西民族医药资源现状

根据《国务院办公厅关于加强我国非物质文化遗产保护工作的意见》（国办发〔2005〕18号）《中国非物质文化遗产普查手册》等文件中对非物质文化遗产和传统医药的细分方法，结合民族医药文化资源的特殊性，秦彬将民族医药养生旅游资源分为三大类。即物质民族医药养生文化资源、非物质民族医药养生文化资源、自然民族医药养生资源，以及文物、遗址、研究传承及体验地、医药理论基础、特色诊断技法、疗法知识、方剂知识、药膳、药物炮制技术、医事民俗、民间文学、特色医药器具、医学文献、创新中成药、山林养生资源、水滨养生资源、草原盆地养生资源、特色地质地貌养生资源、特色药用动（植）物等19个子类的材料。按此分类方法，通过总结各类文献以及实地考察验证，最终统计得到广西民族医

[1] 中国民族．壮医药：亮闪闪的“名片”[EB/OL].(2018-03-21)[2023-02-26].https://www.56-china.com.cn/show-case-1455.html.

药养生旅游资源类型、数量及比例，如表 7–6 所示。

表7–6　广西民族医药养生旅游资源类型及构成比例一览表[1]

资源类型		单体数量	比例（%）	
大类	亚类		占亚类比例	占大类比例
物质民族医药养生文化资源	文物	43	42.16	1.79
	遗址	14	13.7	0.58
	研究传承及体验地	45	44.12	1.88
非物质民族医药养生文化资源	医药理论基础	32	1.72	1.33
	特色诊断技法	43	2.31	1.79
	疗法知识	180	9.65	7.51
	方剂知识	1089	58.39	45.41
	药膳	307	16.46	12.80
	药物炮制技术	19	1.02	0.79
	医事民俗	30	1.61	1.25
	民间文学	30	1.61	1.25
	特色医药器具	30	1.61	1.25
	医学文献	29	1.55	1.21
	创新中成药	76	4.08	3.71
自然养生资源	山林养生资源	145	33.64	6.05
	水滨养生资源	69	16.01	2.88
	草原盆地养生资源	5	1.16	0.21
	特色地质地貌养生资源	47	10.90	1.96
	特色药用动（植）物	165	38.28	6.88

注：由于部分少数民族在广西比较分散，人口较少，尚未形成自身医药养生文化，故不统计。纳入本研究统计范围的主要是壮、瑶、苗、侗、毛南、京、仫佬 7 个民族的医药养生资源

广西民族医药养生资源类型多样、内容丰富，有 3 个大类 19 个亚类共计 2398 项。其中以文物和体验地为代表的物质类资源仅占 4.25%，以山林和特色

[1] 秦彬，高翔．广西民族医药养生旅游资源开发研究 [J]. 桂林师范高等专科学校学报，2021,35(1):21–29.

药用动(植)物为代表的自然类资源占比17. 98%,以方剂知识和药膳为代表的非物质类资源最多,占比高达77. 76%。它们分布于广西各地,以柳州、河池、桂林、南宁等地区数量最多,贺州、来宾次之,其他地区则相对较少。具体情况见表7-7。

表7-7　广西民族医药养生旅游资源分布统计[1]

地区	南宁市	柳州市	桂林市	梧州市	北海市	防城港市	钦州市
数量（项）	484	718	640	166	64	291	107
比例（%）	10.61	15.75	14.04	3.64	1.40	6.38	2.35
地区	贵港市	玉林市	百色市	贺州市	河池市	来宾市	崇左市
数量（项）	164	164	174	349	672	326	241
比例（%）	3.60	3.60	3.82	7.65	14.74	7.15	5.29
共计（项）				4560			

注：因不同地区具有相同民族,因此按区域划分统计数量时存在重复统计现象,最终数量大于按类型统计所得数量。

广西民族医药养生资源作为一种特殊的旅游资源,不仅具有多样性、垄断性、脆弱性等一般旅游资源的性质,还具有深厚的文化底蕴以及鲜明的民族特色。壮医的“阴阳为本”论与“三气同步”论,瑶医的“三元和谐”论,苗医的“天人合一”论,侗医的“天地气水人五位一体”论,毛南医的“环境养生、运动强身、生活食疗、精神调节、饮茶调节”论,京医的阴阳理论等均注重人、自然和社会的和谐统一,具有较强的普世意义和保护传承价值。

同时,广西自然养生资源多达431项,包含重要水源、湿地、溶洞、民族医药等保护区,旅游开发适宜性强；中药物种达5540种,位居全国第二,开发利用价值高。此外,广西民族医药养生文化资源富集区与旅游发展重点区域高度重合,这些无不说明广西民族医药养生文化资源旅游开发的迫切性、必要性和可行性。

[1] 秦彬,高翔.广西民族医药养生旅游资源开发研究[J].桂林师范高等专科学校学报，2021,35(1):21-29.

三、外部宏观环境（PEST）分析

笔者主要通过文献研究，对政府官方网站，包括国家统计局、国家文化与旅游部、国家林业和草原局、国家中医药管理局、广西文化和旅游厅、广西林业局、广西中医药局等网站进行收集和统计，进行专家访谈，通过PEST模型，从政治环境、经济环境、社会环境、技术环境四个主要方面，对广西民族医药康养旅游发展面临的外部宏观环境进行分析。

（一）政策环境（P）分析

1. 民族医药发展的政策支持

目前，民族医药发展迎来了前所未有的大好时机。2017年7月1日《中华人民共和国中医药法》正式实施，《中医药发展战略规划纲要（2016—2030年）》《中医药健康服务发展规划（2015—2020年）》等国家规范的发布，标志着中医药发展已成为国家战略。2020年，广西壮族自治区党委、政府提出《关于促进中医药壮瑶医药传承创新发展的实施意见》，广西壮族自治区中医药民族医药发展领导小组提出《广西中医药壮瑶医药振兴发展三年攻坚行动实施方案（2021—2023年）》，实施中医药壮瑶医药传承创新，推动中医药壮瑶医药开放发展，将中医药壮瑶医药纳入“一带一路”国际合作重要内容。2022年，广西壮族自治区人民政府办公厅印发《广西老龄事业发展“十四五”规划》，明确到2025年，65周岁及以上老年人中医药健康管理率达到75%以上，深入推进医养结合，实施中医药壮瑶医药医养服务建设行动[1]。

2. 康养旅游发展的政策支持

2016年12月，国务院印发的《“十三五”旅游业发展规划》提出要推动旅游

[1] 广西壮族自治区人民政府办公厅．广西老龄事业发展“十四五”规划[EB/OL].(2022-11-07)[2023-02-26]. http://www.gxzf.gov.cn/zfwj/zzqrmzfbgtwj_34828/2022ngzbwj/t13295579.shtml.

与健康医疗融合发展。《广西大健康产业发展规划（2021—2025年）》提出全面构建“一核五区多点协同”的发展格局，即以南宁市作为全区大健康产业发展核心区；引领带动桂北休闲旅游与养生养老产业区、桂南滨海文旅与医疗医药产业区、桂东医疗医药与生态养老产业区、桂西长寿保健与医疗康体产业区和桂中民俗文旅与医械制造产业区协同发展；以打造建设健康养老养生服务集聚区、健康旅游示范基地、生态特色农业园区、运动休闲示范基地、健康制造业基地、中国—东盟健康产业发展合作示范区等6类示范基地为抓手，推动健康养老、健康医药、健康食品、健康运动、健康医疗管理、健康旅游、健康和文旅制造等7大产业全面发展，把大健康产业打造成为广西战略性支柱产业。

广西推进“中医药+”健康产业融合发展。遴选建设30个左右中医药特色医养结合示范基地，探索中医药健康养老服务模式，满足多层次、多样化的中医健康养老服务需求，充分发挥广西长寿品牌和长寿资源优势，大力发展健康长寿产业，挖掘长寿之乡民族医药资源，研发推广特色民族医药产品和服务，吸引国内外老年人到广西旅居养老。助力桂林打造世界级旅游城市，推进巴马国际长寿养生旅游胜地、西江生态旅游带建设，形成一批健康旅游示范基地、示范带和集聚区。

3. 林业发展的政策支持

国务院2016年发布的《关于完善集体林权制度的意见》《林业发展“十三五”规划》《中国生态文化发展纲要（2016—2020年）》《关于大力推进森林体验和森林养生发展的通知》等文件，把发展民族医药康养旅游作为国家林业改革发展的新思路和新途径，倡导建设森林康养基地，构建森林康养体系，开发和提供优质生态教育、休闲度假、养生养老等内容的生态服务产品，促进民族医药康养旅游健康快速发展；为民族医药康养旅游产业的发展提供有力的政策支持。2022年，广西壮族自治区林业局印发《广西森林康养产业发展“十四五”规划》，广西将构建“三区三集群”的森林康养产业发展新格局；其中，“三区”即南宁综合发展产业片区、桂林休闲旅游康养产业片区、巴马国际长寿养生产业片区；“三集群”是桂东生态康养产业集群、北部湾滨海康养产业集群、桂中民族医药康养产业集群；到“十四五”期末，逐步建成集康复医疗、保健养生、休闲疗养、度假养老、研学教育、文化体验、运动健身等融合发展的森林康养产业体系，构建产品丰富、标准完善、管理有序、人才有保障的森林康养服务体系，使森林康养产业发展成为广西林业与大健康产业发展的新增长极[1]。

(二)经济环境(E)分析

我国的健康产业发展势头良好。2016年10月，国家发布的《“健康中国2030”规划纲要》明确提出，2020年中国健康服务总规模将达到8万亿元，2030年将超过16万亿元。中国医疗卫生事业未来发展的空间还很大。《广西大健康产业发展规划(2021—2025年)》总体发展目标是，到2025年，全区大健康领域重点龙头企业达500个以上，在建重大项目1000个以上，建成大健康产业重点园区100个，产业示范基地3000个，全区异地旅居康养人数达到500万人次，全区大健康产业总产值达到4500亿元，大健康产业成为战略性支柱产业，初步建成全国具有重要影响力的大健康产业基地和创新高地、国内一流康养胜地和国际健康旅游目的地[2]。

(三)社会环境(S)分析

社会对养生的需求越来越大。第七次全国人口普查数据显示，全国有1.9亿

[1] 广西将构建“三区三集群”森林康养产业新格局[EB/OL].(2022-07-11)[2023-02-26].http://www.gxzf.gov.cn/zt/jd/gxsthj/gzdt/t12796128.shtml.

[2] 广西壮族自治区民政厅，广西壮族自治区文化和旅游厅，广西壮族自治区卫生健康委员会，广西壮族自治区发展和改革委员会.广西大健康产业发展规划(2021—2025年)[EB/OL].(2021-10-15)[2023-02-26].http://mzt.gxzf.gov.cn/xxgk/zcwj/zzqmzt/qtzcwj/t11066224.shtml.

65岁及以上人口，占13.5%。未来，我国将面临持续的人口老龄化社会问题。防治慢性病已成为中国主要的医疗卫生问题之一。全国消费者在医疗保健方面的支出正在逐步增加。根据联合国世界卫生组织的调查，75%的人口亚健康，只有5%的健康人口，亚健康人口占比非常大，它俨然已成为一个严重的社会问题。由于居民亚健康状态的蔓延和防病意识的增强，健康保健活动、健康体检、健康咨询、健康旅游等更受欢迎。健康需求将是未来社会，特别是城市社会最强烈的市场需求。

（四）技术环境分析（T）

1. 民族医药养生技术的发展

广西拥有众多的中医民族医药医疗卫生机构，医疗卫生体系逐步完善，人才队伍不断发展，服务能力大幅提升。《广西中医药壮瑶医药振兴发展三年攻坚行动实施方案（2021—2023年）》提出，筑牢基层中医药壮瑶医药服务阵地。力争实现县办中医医疗机构全覆盖，推动不少于3家县级中医医院升为三级。支持20个县级中医医院牵头的县域医共体开展综合能力提升建设。依托二级及以上县级中医医院，建设50个中医适宜技术推广中心。力争符合条件的社区卫生服务中心和乡镇卫生院全部设置中医馆、配备中医药人员，其中10%建成“旗舰中医馆”。

2. 旅游业人才的培养

旅游人才培养在全国蓬勃发展，广西高度重视旅游人才教育培训，包括对旅游从业人员的培训、旅游院校的人才培养等。广西的旅游教育和培训体系是完整的。其范围包括研究生、本科、高职教育和中职教育，以及旅游系统员工的教育和培训。但在与旅游相关专业中，仍然没有康养旅游的专业，这无疑影响了民族医药康养旅游的专业发展（图7–1）。

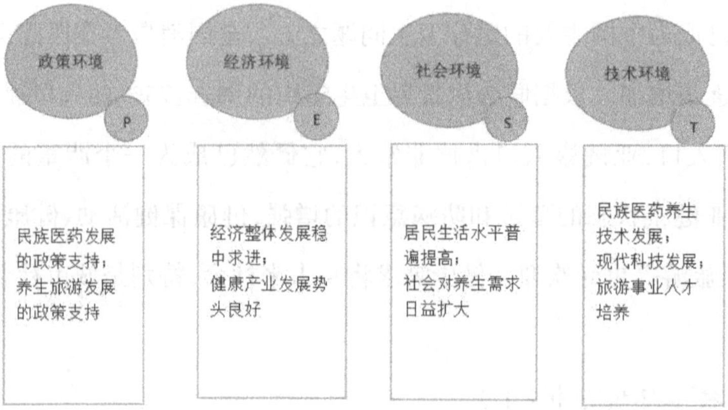

图 7-1　广西民族医药康养旅游发展外部宏观环境图

综上所述，广西民族医药康养旅游起步较早，2002 年在南宁出现了中医药养生旅游的形式，经过 20 多年的发展，已取得了初步成效。广西民族医药康养旅游的发展，不仅使广西的民族医药养生传统文化得到了鼓励，也使广西的医疗资源得到了保护、发掘和利用，并逐步走上了品牌化发展和产业化的道路。

基础保护工作全面完成。通过对中药资源的摸底调查，做好稀缺资源和濒危资源的保护工作，对重要的文化内容和空间进行保护和开发，通过建立基因库等方式对重点品种进行人工培育和保护。

产业发展要步入正轨。主要是通过国药与农业的结合，鼓励农民种植中药材，引领农民走上致富路，以中药材为主题建设一批现代特色优势农业示范园区，提高产业发展水平。目前，广西 54 个贫困县的中草药生产都在不同程度上得到发展。铁皮石斛、牛膝、桔梗等品种生长迅速，惠及数万名贫困农民。

旅游市场的迅速扩大。随着旅游业的发展，越来越多的境内外游客对广西的空气、景区的自然风光及其迷人的医药文化青睐有加，而旅游目的地的市场需求也随之而来，推动“长寿之乡”品牌、旅游开发、养老服务一体化的广西康养旅游空间分布，打造南宁、桂林、玉林、巴马、金秀、靖西六大中医药（含民族医药）健康旅游城镇。在南宁、河池和桂林等地市开展了立体本草纲目旅游、壮医药和瑶医药健康养生基地建设以及中医药健康养生产业区项目的开发和利用。同时还加强传统医药养生旅游餐饮的开发，着力打造“药膳之都”品牌，不仅扩大了原生态、绿色和有机农产品生产规模，还不断挖掘和整理桂菜谱系，推出具有地域特色、品种繁多、生态保健的药膳美食，广西民族医药养生旅游产业化、多元化的发展格局已初步形成。

第二节　民族医药文化与康养旅游融合发展的趋势

民族医药文化与康养旅游融合发展是新形势下的新需求，所形成的民族医药康养旅游是时代发展的趋势。主要涵盖以下几个方面：一是旅游产业发展的新趋势和产业转型的新需求；二是我国人口老龄化的新需求；三是人们新的健康需求；四是国际医疗旅游竞争压力下国内医药产业发展的新要求；五是国家相关政策的现实要求。

一、旅游发展的新趋势和产业转型的新要求

我国民族医药康养旅游的发展是旅游产业发展的新趋势，是产业融合的新尝试。改革开放以来至今，中国旅游业的发展经历了三个重要阶段。即开始时重视入境旅游，中期重视入境旅游和国民旅游，如今国民旅游、入境旅游和出境旅游并重。经过 40 多年的旅游业发展，游客出行越来越多，旅游市场越来越大。无论是国内旅游人数还是出入境旅游人数都有较大幅度的增长。虽然有几年由于不可

预见的事件而略有下降，但恢复得很快。越来越多的游客使热点地区超负荷运转；假日的游客急剧增加，造成游客投诉增加。旅游体验的质量和游客的满意度受到不同程度的影响。因此，从旅游供给的角度来看，有必要开发新型的旅游资源，开辟新的旅游目的地，提供新的旅游服务，以化解绝大多数知名假日旅游地的拥堵。我国有丰富的民族医药资源，民族医药的养生和保健活动多种多样，与人们的健康密切相关。在与旅游业结合，开发相应的民族医药旅游产品的同时，可以很好对热点景区的客流起到分流的作用。

从产业构成来看，旅游产业包括传统意义上的六大要素，即“吃、住、行、娱、购、游”。但是，随着社会的发展变化，旅游观念的转变，人们已经不满足于传统的休闲旅游观光，而是转向更加丰富多彩的旅游活动，如休闲旅游、会议旅游、购物旅游、修学旅游、健康旅游等。北京绿维创景设计规划院院长林峰博士与原国家旅游局负责人认为，旅游业已经超越了传统意义上的六要素。在传统的六大要素之外，林峰博士提出了“体(体验)、会(会议)、养(养生)、媒(媒体广告)、组(组织)、配(配套)”等扩展要素，而原国家旅游局局长则提出了“商、养、学、闲、情、奇”六个新的构成要素。两人提到创建旅游业的新要素都包含一个共同的要素——“养”，即养生，民族医药养生恰恰是养生的重要方式之一。商务、学习、休闲、养生、保健、医疗与旅游的结合，将创造出新的旅游消费热点，促进新时期旅游产业的可持续发展。民族医药产业中的民族医药、民族医药农业、民族医药工业和民族医药文化等方面都有成为旅游资源的优势。因此，民族医药产业可以与旅游产业形成良好的融合，这必然会带动整个民族医药产业的发展，也会使民族医药产业的发展得到提升。

二、我国人口结构老龄化的迫切需求

我国民族医药旅游产业的发展，可以为当今老龄化人口提供健康生活的新选择。目前，世界上许多国家都面临着人口老龄化的问题。根据世界卫生组织的新标准，当一个国家或地区的 65 岁及以上人口比例达到总人口的 7% 时，就进入了"老龄化社会"（ageing society）。根据这一新标准，许多国家已经进入"老龄化社会"，老年人在总人口中的比例继续增加。不断扩大的老年市场已经成为未来旅游市场发展的重要因素。我国从 2001 年开始进入老龄化社会。截至 2022 年末，全国 65 周岁及以上老年人口 20978 万人，占总人口的 14.9%。

老年人的比重在增大，他们的地位在提高。老年人不仅有可支配的收入、休闲时间，而且健康的老年人都有外出旅行的愿望。无论是老年人自己还是其子女，都希望老年人能拥有健康的身体。因此，民族医药保健养生旅游符合老年人市场的需求，老年市场将成为民族医药保健养生旅游发展的一大客源市场。

三、追求健康的需要

我国民族医药旅游产业的发展能够很好地适应人们对健康的追求。世界卫生组织曾经公布过一项预测性研究，发现世界上近 75% 的人口已经处于亚健康状态。亚健康的危害性已被医学界公认为是 21 世纪与艾滋病并列的人类健康大敌。亚健康是一种危急状况。这通常意味着，虽然没有确定的疾病，但存在着精神活力和适应能力下降的状态。长期停留在这种状态下会引起各种身心疾病。然而，这种状态通过一般的医疗检查，是发现不了问题的。但是，如果身体不好的人遇到高刺激，如熬夜、失眠等，就容易出现猝死现象。特别是我国北京、上海、广州等百万人口以上的大城市，亚健康率较高。据数据显示，现今中国已经超过了日本，成为猝死率最高的国家。民族医药自古以来的养生保健理念和相应疗法，能较好地解决人们的亚健康状态。同时，还有与这些理念相对应的运动方法、饮食调节等实际措施，为调节亚健康状态提供了很好的途径和手段。

随着可支配收入的增加和生活水平的提高，人们对健康的关注也越来越多。现代人的健康不仅包括身体，还包括心理和精神健康。健康是生命中最宝贵的财富。它就像亿万财富的最前面的数字“1”。没有健康，人们所拥有的财富和其他一切都将化为零。旅游是人们放松和提高精神愉悦的方式。而以民族医药为主题的旅游，更是为人们的健康提供了良好的服务和保障。

四、国际医疗旅游竞争的需要

我国发展民族医药旅游是医疗旅游本土化的重要形式，是参与医疗旅游国际竞争的重要途径。国际医疗旅游在欧美发达国家已经兴起并迅速发展。其次，东南亚、南美等地区的国家，由于自身的医疗优势，也在积极开发国际医疗旅游市场。这些国家在发展国际医疗旅游后，从国家层面给予指导，通过广泛的政府部门间合作，推广软件和医院设备，已经占据了国际医疗旅游市场的较大份额。欧美国家的医疗福利主要集中在先进的医疗技术上，而东南亚国家、南美等地区的医疗优势则是依赖优良的医疗技术、低廉的医疗费用。近年来，中国的出境医疗旅游增多，入境医疗旅游减少。然而，民族医药旅游可以成为我国发展入境医疗旅游的突破口，也是发展民族医疗旅游的重要途径。

随着人口老龄化的加剧，各国对卫生和健康的投资越来越多，并开始寻求优质的医疗项目。许多发展中国家通过高质量、低价格、好环境的医疗服务，成为许多发达国家居民的国际医疗旅游目的地，这使得我国发展民族医药旅游的愿望更加迫切。我国民族医药历史悠久，民族医药资源丰富，特别是对一些慢性病有较好的疗效，副作用较小。据世界卫生组织统计，我国中医已先后获得亚洲、大洋洲、北美洲和欧洲、非洲等多个国家和地区的立法认可，部分国家和地区已将中医纳入医疗保障范围。世界卫生组织在题为《迎接21世纪的挑战》的报告中强调，21世纪的医学不应继续关注疾病，而是关注人类健康。而中医特别强调“不治已病治未病”，其优势在于保健和养生领域，正好对应了上述这样一个发展趋势。美国著名经济学家保罗·皮尔泽认为，在全世界经历了土地创造财富、工业创造财富、商业创造财富、电脑信息网络技术创造财富之后，进入21世纪，健康产业将创造第五次财富浪潮。

五、国家相关政策的现实要求

我国民族医药旅游产业的发展，是国家对民族医药产业和旅游产业日益重视的体现，是国家相关政策的现实要求。国家“十二五”规划提出，促进旅游业的发展和旅游产品的多样化。中国旅游业“十二五”规划发展纲要提出要积极开发其他特色旅游产品，促进产业融合；2015年4月，国务院办公厅印发《中医药健康服务发展规划（2015—2020年）》，重点推进中医药文化与健康旅游产业发展，建设中医药文化主题公园和健康旅游示范区；2015年8月4日，国务院办公厅印发《关于进一步促进旅游投资和消费的若干意见》，提出要实施旅游消费促进计划，培育新的消费热点，其中之一就是积极发展中医药健康旅游；2015年11月17日，原国家旅游局和国家中医药管理局联合下发了《关于促进中医药健康旅游发展的指导意见》，提出开发中医药健康旅游产品、打造中医药健康旅游品牌、壮大中医药健康旅游产业、开拓中医药健康旅游市场、创新中医药健康旅游发展模式、培养中医药健康旅游人才队伍、完善中医药健康旅游公共服务、促进中医药健康旅游可持续发展八个方面的重点任务；2016年原国家旅游局和国家中医药管理局联合发布《关于开展国家中医药健康旅游示范区（基地、项目）创建工作的通知》，通知中要求“用3年左右时间，在全国建成10个国家中医药健康旅游示范区，100个国家中医药健康旅游示范基地，1000个国家中医药健康旅游示范项目”[1]。政府各部门一系列相关文件的出台，可以看出国家对中医药旅游产业发展极为重视。

（一）民族医药康养旅游符合“健康中国”的国家战略需求

2015年，党的十八届五中全会首次提出推进“健康中国”建设。2016年全国卫生与健康大会上习近平总书记强调要把人民健康放在优先发展的战略地位，同年中共中央、国务院印发《“健康中国2030”规划纲要》，2017年十九大报告明确提出实施“健康中国”战略，是新时代健康卫生工作的纲领。2019年3月8日，国家林业与草原局、民政部、国家卫生健康委员会、国家中医药管理局联合发布《关于促进中医药康养产业发展的意见》提出到2035年，中医药康养服务体系要全覆盖整个旅游医药系统。

（二）民族医药康养旅游符合中医药健康养生文化“两创”方针要求

2016年习近平总书记在全国卫生与健康大会上讲话时提出“努力实现中医药健康养生文化的创造性转化、创新性发展。”“两创 ”方针为中医药健康和养生文化的未来发展提供了政治基础和行动指南。此外，《“健康中国2030”纲要》《中国中医药白皮书》《中医药发展第十三个五年规划》等文件都提到了中医药健康养生文化的转型和发展，《关于促进中医药康养产业发展的意见》也强调，健康和中医药旅游必须充分强调中医药特色效益。民族医药养生是中医养生和健康文化的重要组成部分，丰富和深化民族医药的概念内涵，民族医药养生理论符合中医药健康文化“创新性发展”的要求。以民族医药养生理论为指导，发展民族医

---

[1] 国家旅游局，国家中医药管理局关于开展国家中医药健康旅游示范区（基地、项目）创建工作的通知[EB/OL].(2016-08-19)[2023-02-26].http://www.gov.cn/xinwen/2016-08/19/content_5100669.html.

药康养旅游，将健康养生与民族医药旅游产业相结合，将养生文化转化为产业，形成健康产业的新形态，是对我国健康养生文化和医药“创造性转化”的积极探索。

（三）民族医药康养旅游符合国家健康旅游的发展方向

早在2013年，国务院《关于促进健康服务业发展的若干意见》就明确指出，要整合中医药等特色卫生健康资源，发展健康养生旅游。2015年，原国家旅游局和国家中医药管理局联合发布《关于促进中医药健康旅游发展的指导意见》，提出到2025年，中医药健康旅游人数要达到旅游总人数的5%，中医药健康旅游收入达到5000亿元，在全国建设50个中医药健康旅游示范区、500个中医药健康旅游示范企业（基地）、中医药健康旅游综合体，培育和打造一批具有国际知名度和市场竞争力的中医药健康旅游服务企业和知名品牌。2016年，国务院在《“十三五”旅游业发展规划》中公布，积极推进旅游健康一体化。民族医药养生旅游是一种极具中国特色的健康旅游形式，是中国健康旅游产业体系的重要组成部分。

第八章　广西民族医药文化与康养旅游融合发展存在的问题

第一节　态势分析（SWOT 分析）

在外部宏观环境(PEST)分析的基础上,笔者研究分析了影响民族医药康养旅游快速发展的外部因素。政治因素反映了政府的作用对民族医药康养旅游业的影响程度,包括法律、税率和其他基本政策因素。国家和地方政府采取了一系列发展旅游产业的优惠政策措施,不仅对旅游产业有多种政策红利和税收优惠,而且积极促成资本市场融资机制的完善,吸引社会资本投资于该行业,在政府的支持下,完善市场机制。就社会环境而言,传统的家庭结构和功能正在逐渐被打破,这尤其体现在全国范围内的人口流动和老龄化。这一趋势直接促进了康养旅游的发展,如养老旅游、医药旅游、健康和保健旅游。分析技术发展对于民族医药康养旅游产业的作用,计算机技术和互联网的作用改变了旅游产品的分配模式以及营销市场;结合人工智能获得电子信息,数据分析等信息处理技术提高了高端医药康养旅游产业的效率,帮助分析康养旅游市场的广泛信息,协助决策。以上必将能促进民族医药康养旅游产业完善产业链的重要因素在下一阶段的发展。在此基础上,调研分析广西民族医药文化与康养旅游融合发展存在的优势与问题。

一、内部优势分析

1. 优越的生态环境资源（S1）

广西自然养生资源多达431项，包含重要水源、湿地、溶洞、民族医药等保护区，旅游开发适宜性强，药材物种达5540种，位居全国第二，开发利用价值高；此外，广西民族医药养生文化资源富集区与旅游发展重点区域高度重合，这些无不说明广西民族医药养生文化资源旅游开发的迫切性、必要性和可行性[1]。2022年，广西生态环境质量继续保持全国前列，全区城市空气优良天数比率95.1%，居全国第8位；国家地表水考核断面水质优良比例98.2%以上，位居全国第2名；近岸海域优良水质面积比例94.5%，位居全国第2名；土壤环境质量状况总体稳定。生态质量指数位居全国第2名，生物多样性丰富度位居全国第3名，生态系统功能得到持续巩固提升[2]。

2. 民族文化丰富多彩（S2）

在广西的少数民族都保留着本民族传统的风俗习惯，在社交礼仪、婚姻习俗、服装打扮、饮食文化、歌舞娱乐方面都有着各自的特点[3]，游客来到广西旅游，不仅可以欣赏广西优美的自然风光，也可以了解各少数民族富有情趣的生活习俗、观看热闹的民族歌舞表演。民族文化既显示了当地和风土人情，丰富当地居民的内心世界，又将民族文化融入康养旅游开发，为康养旅游产品的开发做出贡献。

---

[1] 秦彬，高翔 . 广西民族医药养生旅游资源开发研究 [J]. 桂林师范高等专科学校学报，2021,35(1):21-29.

[2] 中国新闻网 . 广西生态环境质量保持全国前列 服务经济高质量发展 [EB/OL].(2023-02-21)[2023-02-26].https://baijiahao.baidu.com/s?id=1758439516926488066&wfr=spider&for=pc.

[3] 王国红，马瑞 . 广西高校政治理论课对北部湾文化的开发与利用 [J]. 学术论坛 . 2012,35(04):213-216.

3. 大力扶持民族医药（S3）

民族医药是中华民族健康养生的重要组成部分。广西民族医药养生资源具有深厚的文化底蕴以及鲜明的民族特色。壮医的“阴阳为本”论与“三气同步”论，瑶医的“三元和谐”论，苗医的“天人合一”论，侗医的“天地气水人五位一体”论，毛南医的“环境养生、运动强身、生活食疗、精神调节、饮茶调节”论，京医的阴阳理论等均注重人、自然和社会的和谐统一[1]，具有较强保护传承价值和开发价值。

4. 政府政策环境良好（S4）

健全政策，全面发展旅游业。《广西“十四五”文化和旅游发展规划》提出，深化大健康产业与文化和旅游融合发展，依托广西优越的生态环境和资源禀赋，加强文化旅游与健康养老、健康医疗、健康食品、健康运动、健康管理等产业融合发展，打造“长寿广西”品牌，建成国际健康旅游目的地。加快培育一批健康旅游示范品牌，推进防城港国际医学开放试验区、桂林国家健康旅游示范基地和南宁国家中医药健康旅游示范区建设，提升广西药用植物园、广西信和信桂林国际智慧产业园中医药健康旅游示范基地、恭城瑶汉养寿城、融安仙草堂中药材生态产业园等发展水平，扎实推进南宁、贺州、百色市国家级医养结合试点单位建设工作。积极构建贺州—巴马—百色长寿养生旅游带。推进开发一批大健康和文旅重大项目，促进健康旅游产品和服务与国际标准接轨，增加高端健康旅游有效供给[2]。

5. 稳定的旅游市场（S5）

广西旅游总收入于2019年突破万亿元大关。至2020年底，全区共有国家级

[1] 秦彬，高翔．广西民族医药养生旅游资源开发研究[J]. 桂林师范高等专科学校学报，2021,35(1):21–29.

[2] 广西“十四五”文化和旅游发展规划[EB/OL].(2022–01–14)[2023–02–26].http://www.gxzf.gov.cn/zfwj/zzqrmzfbgtwj_34828/2022ngzbwj/t11144977.shtml.

文化产业示范基地8家、国家AAAAA级旅游景区8家、国家级旅游度假区1家、国家全域旅游示范区5个，85%以上的县(市、区)开展全域旅游示范区和广西特色旅游名县创建工作。

二、内部劣势分析

1.民族医药资源开发与利用不足(W1)

目前，我国野生药材资源的现状重利用轻保护的现象较为突出，面临资源枯竭、物种逐渐灭绝的严峻形势，且人均中药资源匮乏。主要原因在于未对野生药材资源进行合理、可持续性的开发利用，掠夺性开采使得生态环境与中药材野生资源遭到严重破坏，加剧了中药材资源的供需矛盾。中医药康养旅游虽然具有很大的发展潜力和空间，但缺乏统一规划和有效利用，缺乏将民族医药资源转化为知识优势、技术优势和产业优势的路径，成为民族医药大健康产业扩容的短板。

在“民族医药+康养+旅游”的开发设计中，应以民族医药文化为核心，同时凸显民族医药在“食、住、行、游、购、娱”六大方面的位置，然而，目前开发的力度和深度明显远远不够，民族医药资源尤其是民族医药文化的传承发展、创新发展以及现存的遗迹开发与利用不足，民族医药大省的民族医药博物馆有待提升，民族医药优秀文化的生产力和影响力还远未发挥出来；虽然我国民族医药资源非常广泛，但是缺乏统一的政府开发体系和运行机制，某种程度而言降低了民族医药资源的利用度，极大地限制了民族医药康养旅游的发展。

2.专业人才较为匮乏(W2)

民族医药康养旅游复合型人才极其匮乏。民族医药康养旅游的开发、设计、推广、运营、维护、升级等不能单纯局限于民族医药专业人才或者旅游专业人才，而是二者的有效衔接与融合，这就给两个方向的专业人士或高校学生提供了研究或就业的前景；抑或通过政府主导行业推动进行专业人才的培训，成立产学研用的企业人才培训中心，邀请政府、高校、企业、医院等专家共同研究，根据市场需求设立对应的课程体系，进行短期培训、实践、考核，依托当地的中医药康养旅游基地进行实战，发现问题，解决问题，补齐当前中医药康养旅游方面的人才短板。

3. 消费需求定位不精准（W3）

要精准定位消费者痛点，挖掘消费者需求，充分发挥中医“治未病”的特色，引导消费理念，开发符合消费者需求的产品。当前，市场供需不平衡的现象依然严峻。2012—2020年，近40%的个体诊所、养生馆倒闭，80%的中医诊所或中医馆收益甚微，原因是多方面的，但其中市场需求定位错位是显性的，精准度不足、顾客不愿意买单是最直接的体现。一方面是需求旺盛，另一方面是供给不到位，因此挖掘消费者需求尤为重要，在中医药康养旅游产品设计、项目规划、宣传推广方面深度思考，真正提升民众的获得感和体验感，提高国民的健康素养和健康水平。

三、外部机遇分析

1. 大力支持康养旅游的政策（O1）

诸多政策的提出预示着民族医药旅游时代已开启。2016年年底，国务院印发的《“十三五”旅游业发展规划》提出：促进旅游与健康医疗融合发展；鼓励各地利用优势医疗资源和特色资源，建设一批健康医疗旅游示范基地；发展中医药健康旅游，启动中医药健康旅游示范区、示范基地和示范项目建设。2017年9月，为深入贯彻落实国务院《关于促进旅游业改革发展的若干意见》和《中医药发展战略规划纲要（2016—2030年）》等，根据《关于促进中医药健康旅游发展的指导意见》和《关于开展“国家中医药健康旅游示范区(基地、项目)”创建工作的通知》,国家旅游局和国家中医药管理局公布了首批国家中医药健康旅游示范区创建单位,诸多举措推动了“中医药+康养+旅游”的融合发展。2017年,桂林市成为全国首个健康旅游示范基地创建城市。

2. 民族医药康养旅游消费潜力巨大(O2)

随着生活水平的提高,人们不再满足于“吃饱穿暖”,而是更为注重生活质量,健康和旅游需求之间的联系也越发紧密,需求出现重叠。另外,个人健康险业务持续走高,随着市场和消费者的成熟度不断提升,个人健康险业务的发展增速已然超越了团险业务,折射出人们的主动健康意识的提高。

3. 游客消费观念的改变(O3)

随着我国国民健康素养水平的逐年提升,“被动医疗”向“主动健康”的健康生态圈逐步构建,行业之间融合发展,共同推进大健康产业的绿色发展产业链逐步形成。新冠疫情的大暴发,恰恰发生在全球百年未有之大变局的历史节点以及健康产业作为财富第五波的浪潮中,在疫情得到控制之后国民旅游消费即刻走向恢复,消费需求也发生了巨大的变化,人们主动健康的意识得到前所未有的提升,民众对待健康和幸福的理念发生变化,对美好生活的向往已不再满足于最初的健康保健和旅游观光,那些旨在让旅游者得到身心全面呵护和健康水平有效提升的健康旅游成为新增长点。受旅游发展进程和疫情影响的双重作用,未来,产业之间将会不断磨合与渗透,行业之间的相互碰撞而擦出新的火花,与健康息息相关的医疗、养生、保健、预防、生活方式等服务内容在不断地尝试与旅游结合,人们对于健康消费的追求,使市场应需求而生,对于健康和旅游的多元需求加速了健康服务业和中医药的产业的黏合度。

四、外部威胁分析

1. 招商引资相对困难（T1）

康养旅游是一个周期长、收益慢的行业，招商的过程中大部分是引进房地产业开发养老地产，在其他方面如医药、养生、科研等方面引进投资的难度较大。使得康养旅游产业发展类型受限，得不到游客的认可。

2. 脆弱的区域生态环境（T2）

广西康养资源丰富的地区以山地为主，林木众多。随之而来的游客可能导致当地能源消耗高，出现高污染的现象。

3. 民族医师生存环境堪忧（T3）

民族医术传承主要靠口口相传，传承人数少，且大多是单独授课，传承效果差，由于没有文字，目前还停留在对民族医学处于发掘的阶段[1]，主要靠后人收集整理药物和治疗方法。在西医的冲击下，民族医学的生存环境变得更加艰难。

第二节　调查分析

为充分了解和掌握广西民族医药康养旅游的现状和问题，笔者设计了一份面向游客的调查问卷，问卷主要分为两个部分：一是广西民族医药康养旅游专项调查，二是游客个人基本信息。于 2023 年 2 月，在广西药用植物园、广西信和信桂林国际智慧产业园中医药健康旅游示范基地、恭城瑶汉养寿城等地发放问卷，共收到 115 份有效问卷。

一、游客特征分析

通过统计分析软件（SPSS）的频数分析，得出广西民族医药康养旅游游客人口属性数据（表 8–1）。

[1] 吴冬玲．恭城瑶族自治县康养旅游可持续发展研究 [D]. 桂林：桂林理工大学硕士论文，2022.

表8-1 游客人口属性分析频数分析结果

名称	选项	百分比 (%)
性别	男	29.00
	女	71.00
年龄	17 岁及以下	1.00
	18~25 岁	57.00
	26~35 岁	22.00
	36~45 岁	16.00
	46 岁及以上	4.00
学历	高中 / 中专及以下	10.00
	本科 / 大专	85.00
	研究生（硕士 / 博士）	5.00
您的月收入	3000 元及以下	58.00
	3001~6000 元	28.00
	6001~10000 元	9.00
	10001~20000 元	3.00
	30001 元及以上	2.00
合计		100.00

从上表可知："女"的比例为 71.00%，样本中有 57.00% 为"18~25 岁"，学历中超过 8 成样本为"本科 / 大专"，样本中有 58.00% 为"3000 元及以下"。女性游客比例高于男性比例，游客中受教育水平集中在"本科 / 大专"。

二、游客偏好分析

从评价养生保健的重要性、评价自己对民族医药康养旅游的兴趣、单次民族医药健康旅游活动多少天为宜、通过民族医药康养旅游可以达到的效果、感兴趣的美容美体类产品 / 服务、感兴趣的医疗保健类产品 / 服务等方面分析游客对民族医药康养旅游的偏好（图 8–1 至图 8–6）。

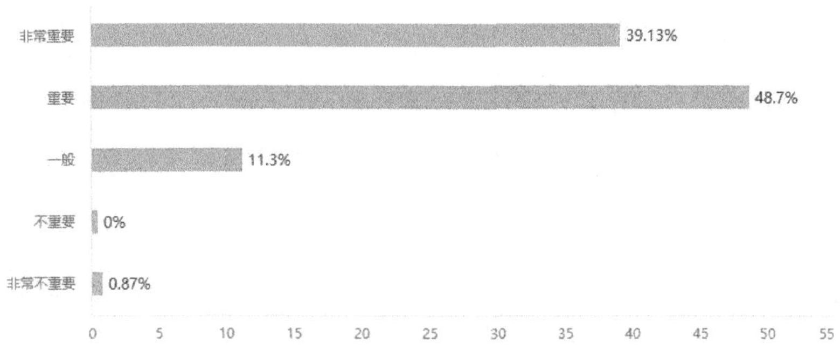

图 8-1　评价养生保健的重要性

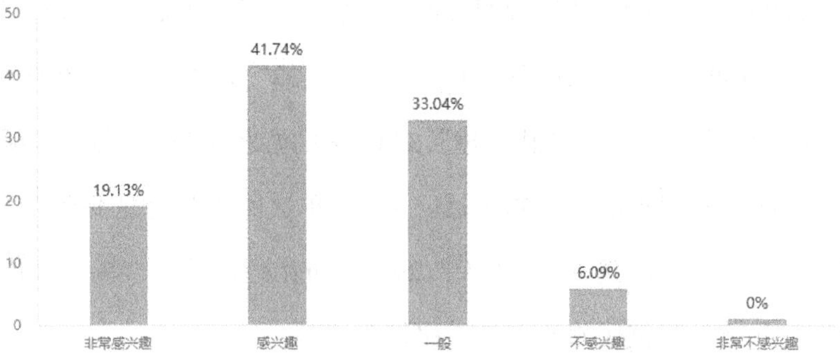

图 8-2　评价自己对民族医药康养旅游的兴趣

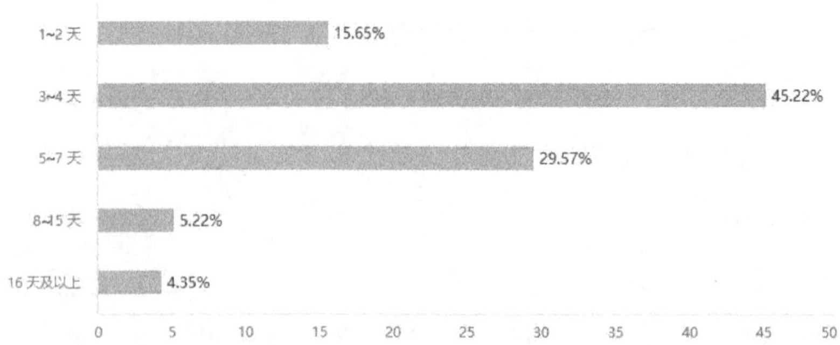

图 8-3　单次民族医药健康旅游活动多少天为宜

从上图可知，对于“评价养生保健的重要性”，39.13% 的游客认为“非常重要”，48.7% 的游客认为“重要”，说明大部分游客对于养生保健的重要性是非常认可的。对于“评价自己对民族医药康养旅游的兴趣”，19.13% 的游客认为“非常感兴趣”，41.74% 的游客认为“感兴趣”，33.04% 的游客认为“一般”，说明民族医药康养旅游的发展空间很大，任重道远。关于“单次民族医药健康旅游活动多少天为宜”，45.22% 的游客选择“3~4 天”，29.57% 的游客选择“5~7 天”，说明大部分游客认为，民族医药健康旅游 3~7 天比较合适。

图 8-4　通过民族医药康养旅游可以达到的效果

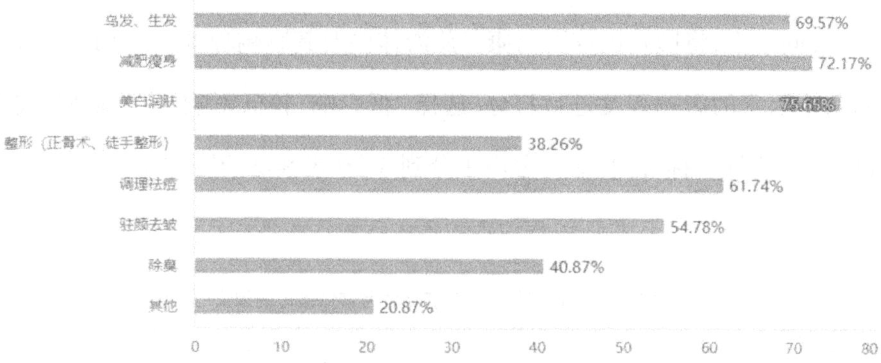

图 8–5　感兴趣的美容美体类产品 / 服务

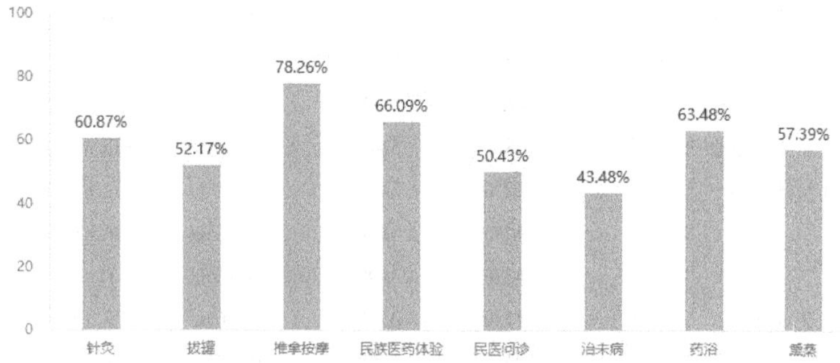

图 8–6　感兴趣的医疗保健类产品 / 服务

从上图可知，多数游客认为民族医药康养旅游有修身养性、强身健体、休闲放松等作用。86.96% 的游客选择“修身养性”，82.61% 的游客选择“强身健体”，78.26% 的游客选择“休闲放松，缓解压力”。在美容美体类产品 / 服务的选择上，“美白润肤”占 75.65%，“减肥瘦身”占 72.17%，“乌发、生发”占 69.57%，比较受欢迎。在医疗保健类产品 / 服务的选择上，“推拿按摩”占 78.26%，“民族医药体验”占 66.09%，药浴占 63.48%，这些比较受欢迎。

三、广西民族医药康养旅游游客体验影响因素和问题分析

调查问卷中，将影响民族医药康养旅游体验及其影响程度，分为 14 个影响因素，对每个因素的影响程度进行打分，选择“低影响、较低影响、中等影响、较高影响、高影响”为评价标准，相应得分由 1 分到 5 分(表 8-2，图 8-7)。

表8-2 广西民族医药康养旅游游客体验影响因素

题目 \ 选项	1 分	2 分	3 分	4 分	5 分
自然生态环境（空气、水、阳光）	6.09%	4.35%	15.65%	27.83%	46.09%
自然景观与人文景观	4.35%	7.83%	26.96%	33.91%	26.96%
所在区域的治安情况	3.48%	2.61%	15.65%	26.09%	52.17%
产品与服务配套设施完善性	5.22%	3.48%	13.04%	25.22%	53.04%
民族医药文化气息与康养特色	4.35%	0.87%	25.22%	30.43%	39.13%
产品与服务的特色性和多样性	4.35%	1.74%	25.22%	32.17%	36.52%
产品与服务的价格水平	3.48%	5.22%	16.52%	31.3%	43.48%
服务人员的专业水平和服务态度	3.48%	3.48%	14.78%	33.04%	45.22%
目的地的品牌与知名度	5.22%	2.61%	25.22%	32.17%	34.78%
餐饮设施	3.48%	6.09%	23.48%	34.78%	32.17%
住宿条件	3.48%	3.48%	21.74%	31.3%	40%
目的地及周边交通条件	4.35%	0.87%	18.26%	37.39%	39.13%
休闲娱乐设施	5.22%	5.22%	25.22%	31.3%	33.04%
购物设施	6.09%	6.96%	28.7%	31.3%	26.96%

从上表可知，游客认为，产品与服务配套设施完善性、所在区域的治安情况、自然生态环境(空气、水、阳光)、服务人员的专业水平和服务态度、产品与服务的价格水平具有高影响。

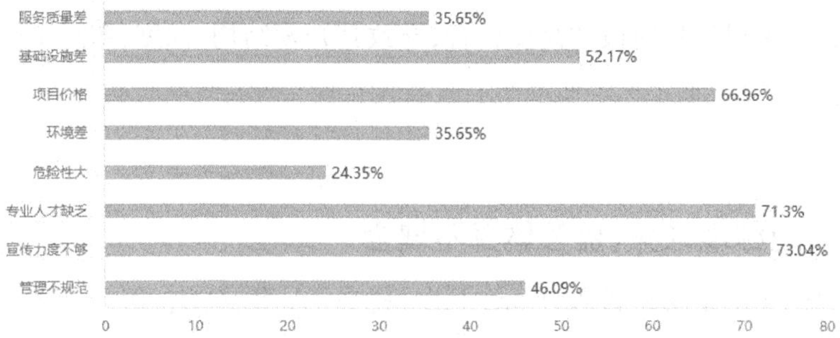

图 8–7　广西民族医药康养旅游存在的问题

从上图可知，对于目前广西民族医药康养旅游存在的问题，73.04% 的游客认为是宣传力度不够，71.3% 的游客认为是专业人才缺乏，66.96% 的游客认为是项目价格，52.17% 的游客认为是基础设施差。

第三节　融合发展存在的主要问题

从以上的 SWOT 分析和调查分析，可分析目前广西民族医药康养旅游主要存在缺乏对民族医药康养文化的深入研究和旅游开发的全面规划、行业标准缺失和监管体系不健全、产业集群化程度不高、民族医药康养旅游特色不突出和宣传力度不够、民族医药与旅游人才匮乏等问题。

一、缺乏对民族医药康养文化的深入研究和旅游开发的全面规划

目前，广西对民族医药养生文化如历史名人、民俗文化、遗址以及民族医药理论、诊疗方法、特色诊疗技艺等方面的研究仍不多，相关景区工作人员以及社区

居民缺乏对民族医药养生文化的立体认识，资源的价值无法充分体现，在其旅游开发领域，缺乏对规划阶段的高度整合，导致其开发结构、深度、布局不合理，旅游关联度不高[1]。

二、行业标准缺失，监管体系不健全

民族医药康养旅游涉及工商、卫生、税务、人事、公安、医疗等多个行政部门，但没有一个部门指导统筹管理。既是多头管理，又是无头管理。另外，广西民族医药旅游行业标准几乎空白，旅游消费者只能从旅游供应商提供的各种旅游产品中选择，造成供需双方信息不对称，导致游客投诉多、满意度低、口碑差等问题。

三、产业集群化程度不高，市场严重受限

纵观我国民族医药健康旅游产业发展，地域集群化程度不高、产业链不完整、差异大的问题较为突出；同时缺乏创新意识，也不能突出各产业链的特色，民族医药涉及的各产业分散，还处于各自为营的状态，以致不符合市场经济发展规律，难以形成较大规模经济。民族医药康养旅游消费弹性大，游客对于品质的敏感度大于价格敏感度，亮点配套作为加分项目往往是促成项目成交的关键。民族医药康养旅游一定要重视产业区域集群效应，以高品质的配套带动项目顺利进行，充分挖掘民族医药的特色优势来弥补传统康养旅游的不足。盘点较为成功的康养旅游项目，无论是景区、高尔夫、主题公园、温泉还是酒店、购物商城、美食汇、游艇等都是对康养旅游最大的赋能，因此构建大配套体系、形成产业区域集群效应进一步的开拓。

---

[1] 秦彬，高翔．广西民族医药养生旅游资源开发研究 [J]. 桂林师范高等专科学校学报，2021,35(1):21–29.

四、民族医药康养旅游特色不突出，宣传力度不够

缺乏有特色的民族医药康养产业品牌。政府在具体支持民族医药健康服务产业新产品、新技术的研究与开发等方面力度不足，社会资本投入的主动性较为欠缺，如社会资本涌入高科技的氛围在民族医药方面体现不足。民族医药康养旅游的渗透性不强，尤其在第三产业的商品开发、大企业扩充领域。目前，我国在民族医药康养旅游产业发展上过度注重自然风光，虽能给人以美感，但仍缺乏特色。各个率先发展民族医药健康旅游产业的区域并未潜心深入挖掘本地特色资源优势，仅利用本地丰富的自然资源和深厚的民族医药文化基础生搬硬套地搭配，缺乏创新开发新业态，不具新颖和创意。政府虽有力推动一批有民族医药康养旅游特色的小城镇、休闲区、商业街、民宿酒店的民族医药康养旅游示范区建设，但是整体后劲不足，产品和项目的特色化、品牌化还未真正形成，宣传力度不够，不能满足消费者的需求。

五、人才培养渠道少，民族医药与旅游人才匮乏

目前广西的民族医学仅在广西中医药大学开设有壮医学专业，相关人才的匮乏。首先，广西不仅民族医药专业出身的医师匮乏，具有合法资质的临床和科研人员数量也较少，对群众需求来说人均占有量过低；其次，现有从业人员大多为中医药院校毕业的本专科生，高职称高学历高水平的专业技术骨干缺乏，使产业发展和创新受限；再次，目前从业者多为年纪较大的老人，青年数量较少且专业素质较低，民族医药人才面临人员老化、青黄不接的困境；最后，在民族医药人才缺乏的基础上，民族医药与健康服务或旅游产业交叉的复合型人才也变得更加稀缺，产业发展所需的策划、营销、管理等综合性高素质人才十分匮乏[1]。

[1] 张兴月 . 凉山民族医药与康养旅游发展路径研究 [J]. 当代县域经济，2021(11):46–49.

第九章　广西民族医药文化与康养旅游融合发展策略研究

经济发展加快了人们的生活节奏,亚健康人群也相应增加,再加上人口老龄化时代的到来,因此民族医药文化与康养旅游融合发展形成的民族医药康养旅游受到人们的青睐。全国各地依托独特的资源,规划建设一批民族医药康养旅游的基地和景区,构建以民族医药产业为核心、旅游为支撑、健康产业为引导、文化创意为突破口的发展模式。

旅游业与民族医药康养产业的有机结合,正在快速发展并逐步完善。早在 2015 年 11 月,中医药康养旅游产业就进入了国家视野。国家旅游局和国家中医药管理局联合发布的指导意见明确提出了发展中医药康养旅游的重要任务; 2016 年,两局再次要求在三年内加快建设一定数量的国家健康旅游和中医药示范区、示范基地和示范项目; 同年发布的《中医药发展战略规划纲要(2016—2030 年)》也明确提出了中医药康养旅游的具体要求和定位。国家旅游局和国家中医药管理局联合下发的《关于促进中医药健康旅游发展的指导意见》提出,到 2025 年,中医药健康旅游建成 50 个中医药健康旅游示范区、500 个中医药健康旅游示范基地、中医药健康旅游综合体,开发中医药健康旅游产品是其首要任务。这是中医药、旅游产业发展的重要契机,这一契机促进了民族医药健康服务与旅游产业的融合,同时推动医药文化旅游的可持续发展,提高人们的健康意识,有助于促进建立文化自信和推进“健康中国”战略的实现。民族医药文化与康养旅游融合发展形成的民族医药康养旅游,具有丰富的内涵。

第一节 开发广西民族医药康养旅游资源

一、民族医药康养旅游资源的开发

(一)民族医药康养旅游资源的概念

随着公众健康意识和健康需求的提高,民族医药康养旅游资源作为一个新兴的旅游项目,吸引了世界上许多游客的关注。民族医药康养旅游是由传统旅游产业、养生康复产业、民族医药产业三个产业有机结合而形成的新产业。它以民族医药资源为基础,依托良好的自然环境和传统的民族医药文化资源,集自然、文化、休闲、养生、健康于一体,是一套旨在维护、改善和促进游客身心健康的生产活动。民族医药康养旅游整合了旅游资源、民族医药文化资源、民族医药种植、民族医药养生保健理论及相应的技术和方法。近年来,我国民族医药康养旅游产业得到了快速发展,满足了大众旅游的健康养生需求,对弘扬和传承悠久的我国民族医药文化发挥了重要作用。

(二)民族医药康养旅游资源开发的基本内容

民族医药康养旅游资源的开发必须考虑当地现有的资源条件,以满足旅游者的需求为导向,充分考虑市场供求关系、投入产出比等相关因素,而且已建立的民族医药康养旅游资源必须与现有的旅游资源基地进行合理定位。民族医药理论强调对人类健康的整体认识,强调人与自然的协调,强调调理机制“治未病”。这些健康理念与公众广泛认可的“慢生活”“深度体验 ”等旅游理念不谋而合。因此,在开发过程中,不仅要顺应旅游开发的传统原则,还要保证民族医学经典理论的适当应用。由于性质、价值、区位条件、规模、类型、结构、区域经济发展程度、社会文化背景、法律法规、社会制度等方面的不一致，民族医药康养旅游资源趋于多元化。目前，比较成熟的发展模式为“民族医药康养＋观光旅游”“民族医药康养＋体验旅游”“民族医药康养＋田园旅游”“民族医药康养＋森林旅游”“民族医药康养＋研学旅游”“民族医药康养＋医疗旅游”“民族医药康养＋旅居养老”等形式。

开发民族医药康养旅游资源的内容很多。但其根本任务是紧紧围绕为游客创造一个愉快、舒适、便捷的旅游环境和服务设施，以满足人们在旅行中日益多样化的健康需求。因此，开发民族医药康养旅游资源应做好以下工作：

1. 解决和改善资源地的可进入性

可进入性（accessibility）是指旅游资源地与外界，特别是与主要客源市场沟通的方便性和便捷性，以及内部的交通条件。可进入性已成为发展旅游业的重要物质条件。在民族医药康养旅游的资源开发过程中，将资源地与外部交通联系起来并建立内部交通条件尤为重要。合理的交通将成为当地旅游业发展的关键。游客考虑到安全、方便和舒适的路程等因素一般会选择交通便利、环境优美的旅游目的地。因此，民族医药康养旅游的资源开发应注重项目的可进入性，首先解决交通等配套问题。

2. 建设和完善相关的基本基础设施

旅游基础设施是旅游业发展的重要物质基础。它是指为满足旅游者的旅游需求而建设的所有物质设施的总称。通常在公共部门中，一般是指如供水系统、卫生设施、供电系统、道路、通信网络等，旅游配套基础设施如停车场、机场和车站、港口码头、夜间照明、医院、银行、食品店、公园、警察机构等和商业机构如旅游饭店、旅游商店、为游客提供服务的旅游机构。除上述设施外，民族医学康养旅游还包括为游客提供各种健康管理技术和相关服务的设施。

3. 开发和管理民族医药康养旅游景区和景点

民族医药康养旅游景区和景点的开发建设一般有5种形式：新建、利用、修复、改造和挖掘。首先是开辟新的景点和新的场地，也就是先开发利用民族医药康养旅游的闲置资源；其次是包括以更新景区景点为目的，重点开发利用，通过对已知的旅游景点或场地的改造提升，着手向旅游吸引物嫁接资源；最后，民族医药康养旅游资源的开发还将涉及软件的开发和建设，以及旅游活动方案、活动形式和养生医药管理等内容的开发和更新。民族医药康养旅游景区的管理必须要有明确的市场定位，合理投资，因地制宜地建设，才能形成完善的旅游消费链，形成一个更具竞争力、生命力的景区，才能获得游客的青睐。首先，有效的管理制度是民族医药康养旅游景区管理和修复的保障。管理制度是整个景区运营管理的保障。它通常由三个层次组成：合理的管理机制和结构、规范的管理制度和严格的执行制度。其次，高质量的产品体系是民族医药康养旅游景点运营管理的核心。能够满足景区游客旅游需求和供给的旅游产品是景区生存和发展的基础，也是民族医药景区开发利用管理的核心，包括产品定位、开发产品的多样化、建立景区品牌和广告营销三个方面的内容。最后，高效的服务体系是旅游景区运营管理的基础。高质量的服务水平可以提高民族医药康养旅游景区的知名度，是景区运营管理的基础。服务体系包括安全保障、景区基础设施的完善与员工的服务水平。

4. 培养专业人才保障服务供给

专业人才的提供是旅游业发展的人力资源保障。旅游服务质量的高低对旅游地的接待水平有影响，从而影响旅游资源的吸引力。大多数民族医药康养旅游活动离不开专业服务。只有专业服务才能满足游客的需求，提高市场的有效供给。因此，应重视对专业人员的培训和宣传。

(三)开发的原则

1. 挖掘资源,突出特色

资源是基础,特色是旅游资源开发的灵魂。任何旅游资源的开发利用,开发计划都离不开对地域资源的依托。民族医药康养旅游资源开发利用的独特性主要有三方面的含义:一是在开发过程中,要突出民族医药康养旅游资源的具体特点,有意识地保留这些旅游资源的原有特色;二是在开发、规划和建设新的旅游景点时,要尽可能地体现民族医药康养旅游资源的优势,避免伪造和模仿。民族医药康养旅游的资源是稀缺的。它们的独特性在很大程度上取决于旅游资源和康养服务的具体整合。

1)重自然规律,尽量保护历史原貌

民族医药康养旅游资源的开发应尽可能地立足于当地,保留被开发地的原貌和特色;同时,注意遵守自然规律,特别是药材种植类旅游资源的开发,了解植物的自然生长习性是非常重要的。在开发过程中,不建议采取过分修饰或是全面毁旧翻新的做法。特别是对于自然资源,也包括传统民族医药文化资源,这种做法会降低旅游资源的吸引力。但是,对于那些传说有据可查但遗迹完全不存在的历史人文资源,可以根据历史资料或经典传说,在原址上进行建设或修复。

2)突出地方民族医药康养旅游资源的优势

我国民族医药康养旅游资源丰富,医药文化源远流长,民族医药在发展过程中创造性地创造了旅游资源,以“人无我有,人有我优”的开发理念来挖掘吸引游客的核心优势资源,可以在建筑方面树立旅游资源的特色品牌形象,对景观的塑造、服务设施的优雅装饰,让游客产生一种耳目一新的感觉。目前,很多地区在发展过程中仍对自身的特色民族医药康养旅游资源深化不够,出现了发展形式单一化、同质化、低水平,以及软硬件投入不足等现象,大大降低了游客的体验感。

3)因地制宜,挖掘经典的民族医药康养文化

民族医药康养旅游资源的开发应以当地传统民族医药文化为基础。如四川乐山市彭山区彭祖山民族医药康养旅游资源开发项目,充分利用自然环境的优势,利用中医药的长寿文化,为民众营造长寿养生的入住环境。再如,山东济南以其丰富的药用植物资源,秉承"泉城无闲草"的理念,早在2009年就确立了打造"扁鹊故里、齐鲁中医"城市旅游品牌的目标。

2. 经济效益、社会效益和环境效益相统一的原则

民族医药康养旅游资源开发的目的是通过民族医药康养旅游产业来满足游客日益多样化的健康需求,提高游客的健康水平,拉动地方经济发展,实现经济效益。因此,民族医药康养旅游资源的开发要服从于当地经济发展的需要,分析民族医药康养旅游项目的经济、社会和环境效益。同时,还应该强调以下因素。

1)经济贡献

通过开发民族医药康养旅游资源,增加经济价值和就业。通过对旅游资源的开发,吸引旅游者,获得其他有利于旅游业发展的条件,从而增强开发地的发展潜力。当然,经济效益并不是民族医药康养旅游资源开发所追求的唯一目标。除了追求经济效益外,还必须考虑到开发所带来的社会和环境包容的限制。否则,很容易对被开发地的资源和环境造成破坏,不利于当地旅游业的持续发展。

2)环境因素

即民族医药康养旅游的开发利用,必须在环境保护和法律法规允许的范围内进行。开发时,应因地制宜地利用好各类资源。

3)社会文化因素

指民族医药康养旅游资源的开发利用不得危害当地人的生活和违反社会道德。

4）竞争影响

民族医药康养旅游的资源开发必须尽可能地与现有的旅游互补，而不是重复开发和同类的旅游资源恶意竞争。

5）可行性

民族医药康养旅游的开发在资源、技术和服务上是可行的，在经济上是可行的，具有可操作性；同时，旅游经营者必须具备一定的实力。

6）遵循地方政策和发展战略

民族医药康养旅游资源的开发必须符合当地的相关政策和法规。

3. 遵循市场规律的原则

民族医药旅游的资源开发必须关注游客日益多元化的健康旅游需求，最大限度地利用各种民族医药和健康服务的资源和技术，开发适销对路的产品。

4. 实施综合发展原则

综合开发是指充分利用民族医药康养旅游的优势资源，发挥项目的吸引力，突出重点资源的开发；同时，对配套的旅游资源要因势利导，逐步开发，形成有吸引力的套餐，让游客多方面发现其价值，避免旅游需求的季节性波动。

5. 关注生态保护的原则

开发旅游资源的目的是更好地利用资源。民族医药康养旅游的一些资源的开发，在一定程度上会对自然资源形成破坏。如果开发得当，可以减少对自然资源的破坏，如果开发处理得当，还可以起到保护开发地资源的作用。因此，旅游资源开发的关键在于对开发的适当管理和对旅游资源保护的关注。

（四）开发的生命周期理论

根据生命周期理论，一个旅游景点或以某一特定旅游资源为主的景点，都要经历一个成长和衰退的过程。巴勒特（R.Butler）将旅游地的生命周期分为七个阶段：探索(exploration)、起步(involvement)、发展(development)、稳固(consolidation)、停滞(stagnation)、衰落(decline)和复兴(rejuvenation)。民族医药康养旅游资源的开发也遵循这7个步骤。在旅游资源生命周期的早期阶段(探索、起步),民族医药康养旅游资源得到初步开发,开发的主要目的是使旅游资源能够得到利用。像所有其他资源一样,民族医药康养旅游资源必须被游客接纳和消费,才能发挥其功能和价值。如果旅游资源不为游客所知,就不能吸引游客,或者旅游资源不能被利用或不能被获取,使游客无法得到必要的体验,其经济价值和社会效益就无法实现。因此,在民族医药康养旅游资源开发的初始阶段,首先要考虑的是如何让这些资源可进入、可利用,如何解决旅游交通和旅游接待的相关问题。当民族医药康养旅游资源可以利用并逐步发展时,会有一个稳固的阶段,然后是一个停滞期。在这个阶段,是旅游资源的升级问题。巴勒特指出,旅游景点的衰落往往与容量过大的接待或过度营销有关。可持续发展本质上是延长旅游资源的生命周期。由于游客消费需求的变化,他们的旅游审美兴趣也发生了变化。有时,即使旅游资源保存完好,对大量游客也不再有吸引力。当民族医药康养旅游资源进入停滞期时,对旅游目的地进行合理、适当的可持续开发,如通过开发新项目、改善旧设施、开辟新市场等有力措施,可以促进民族医药康养旅游资源的发展。反之,当民族医药康养场所的游客数量减少时,可能意味着这些场所将出现衰退。

二、民族医药康养旅游的开发模式

(一)民族医药康养旅游小镇

民族医药康养旅游小镇是指以民族医药康养旅游为特色,以休闲养生产业为核心,集保健、养生、养老、休闲、旅游等功能于一体的特色城镇。它是在旅游业蓬勃发展的背景下诞生的新业态、新模式。适合创建和发展民族医药康养旅游小镇的地区，一般要有较好的空气质量、良好的生态环境、有利的居住气候条件和便利的交通方式，这是健康生活的必要条件。这一类典型案例有河北省保定市安国市的药苑小镇。

（二）民族医药旅游示范区

民族医药旅游示范区是以民族医药资源为基础，食、住、行、养、游、购、娱、导、情、学、奇、文、体、农等结合的复合发展模式，形成了以保健、养生、生活服务为主的旅游产品体系，形成了民族医药产业的示范区。目前，全国发展最好的民族医药旅游示范区是潍坊的民族医药健康食品、济宁的民族医药健康文化、泰安的民族医药康养旅游、临沂的民族医药养老养生项目。

（三）药材植物园康养旅游区

药材植物园是指利用各种草药植物资源，以种植、观赏、展示、品尝、娱乐、教育等形式，为民众提供集药用植物景观、研究中医药文化、品尝民族医药美食为一体的养生旅游项目。这样的代表项目有药博园、药用植物园、广西药用植物园。

广西药用植物园成立于1959年，位于南宁市东北部。它的面积为202公顷。已被列为国家AAAA级旅游区、全国科普教育基地和全国医药文化宣传教育基地，集游览、科研、教学和生产于一体。广西药用植物园保存药用植物11161种，约占我国药用植物总量的90%，占全世界药用植物的1/3，其中珍稀濒危药用植物745种，约占我国珍稀濒危药用植物总量的70%。园中生长着被誉为“植物界大熊猫”的金花茶及马蹄蕨、马鞭草、羊蹄草等珍贵壮药材。同时，植物园也与老挝、柬埔寨、马来西亚、印尼等东盟国家建立了药用植物资源保护与开发的合作机制，与瑞士有机农业研究所开展了中药材有机种植和标准的联合研究，与美国芝加哥植物园、澳大利亚墨尔本皇家植物园、英国爱丁堡皇家植物园、巴厘岛植物园等签订了友好植物园协议，2016 年荣获“国家示范性国际科技合作基地”称号。

作为拥有广西首个国家工程实验室——西南濒危药材资源开发国家工程实验室的科研单位，园区内春日繁花似锦、夏时凉爽宜人、秋季金灿迷人，冬日暖冬似春，是一个集休闲、度假、科普等于一体的旅游基地。目前，广西药用植物园有药用植物 1773 属、282 科、9000 余种。其中，有 710 种珍稀药用植物濒危。园区的植被覆盖率达到 90% 以上。2011 年，英国吉尼斯总部根据保存的物种数量和保存的面积这两项指标，认定广西植物药园为“最大的植物药园”。

1. 自然资源

在科研成果的基础上，园内建有 4 个主题公园（本草纲目公园、民族医药公园、世界名药公园、特色公园），以园林的方式体现中医药和各民族传统医药的文化内涵。民族药园的参观道路以彩色沥青为色调，贯穿整个园区。其中，壮药园根据地形和景观的需要进行组团摆放的原则，种植和展示常用壮药资源约 200 种。瑶族医药园根据民间医药中最具代表性和民族特色的“五虎、九牛、十八钻、六十二风”，按照“虎药”“畜药”“钻药”“风药 ”等分别种植和展示 150 余种。

2. 文化资源

广西地区中药产业的文化和物质资源极为丰富，该地区属于民族和民间的各种文化资源，以及中瑶两族的医药文化都极为丰富。

壮医药归纳出关于“谷道水道气道、脏腑气血骨肉、龙路火路”的生理病理观，“三气同步、阴阳为本”的天人自然观，“毒虚导致生出百病”的发病原因具体病机理论，产生了关于望诊、目诊、腹诊、问诊、甲诊、脉诊、指诊、耳诊等诸多诊法。此外，医学诊治疗法也非常民族化、多样化，健全了壮医相应的医学内容。特色的壮医诊疗与有病早治、防病治病相结合；壮医药相当实用，其以祛毒外治为主；扶正调虚,配合食用血肉之品;重点在于可预防疾病的特性。目前,我国注册的壮药资源总量已达2384种之多。其中,有口皆碑的强壮药有八角、丹参、肉桂、板蓝根、姜黄、白芷、石斛、千年健、柴胡等。

按照瑶医药根据万物消长的"盈亏平衡",天、地、人的"三元和谐"等理论及"风亏打盈""祛因为要"等实践经验以及临床护理的基本原则,其对不同类型的药物包含的属性特点进行了细化,我国如今已经记载下来的瑶药总资源累计达到了1336多种,这里面富含民族特征以及代表属性的便是"五虎九牛十八钻七十二风",总共有104种传统瑶药。

3. 服务和体验资源

对于养生服务的需求条件,努力满足游客游、购、娱、吃、住、行这六个方面的旅游基本条件。

(1)购:为游客提供与民族医药方面有关的各种药材书籍、字画、药膳汤料、药材、生活保健品等旅游产品。

(2)游:重点推出针对地区特色品质的产品,实施对民族特色和景观的重点解读。

(3)娱:组织游客参与民族药产品的生产,允许游客对相关药材进行自主选取药材、品赏药材、采摘、加工等。另外,在完成好优质养生服务的前提下,为了及时了解游客的满意程度,要定期对游客进行问卷抽样调查,努力做好满意率。

(4)住:与当地特色的民族风情、建筑类型相对应,力争为所有游客提供具有深厚民族文化特质的住宿及其相应的装饰设施。

(5)吃:在相应的民族医药基础理论指导下,以食品、药材和少量调味品为主,通过传统手工艺的烹饪技术,做出各种有特色的保健药膳。

(6)行:注重统筹规划,与中医药博物馆、中医药基地、酒店等相结合,与商务、旅游、休闲度假旅游相结合，将养生旅游点与常规旅游点相结合，形成品质优越、类型齐全、个性特色鲜明、内容丰富的规范化旅游线路[1]。

（四）民族医药康养文旅综合体

民族医药康养文旅综合体模式是大健康产业与旅游度假产业双轮驱动的综合发展模式。该模式以民族医药理论、理疗技术为支撑，构建大健康产业链和旅游度假产业链两大产业体系，打造延年益寿、强身健体、文化养生、康复理疗、修复保健、生活体验、文化体验等健康主题，形成区域健康生活方式。民族医药康养文旅综合体以文化旅游和土地资源为依托，以医学文化旅游吸引养老人员，以基础休闲公园的功能建筑与相关配套设施和产业延伸为支撑和保障，全面提升医药文化养生旅游和休闲集聚区的优质服务。融合民族医药康养新型旅游形态项目，成为城市新的旅游目的地。

（五）民族医药康养体旅项目

全民健康需求推动了体育、运动、康养产业进入快速发展期。民族医药康养旅游项目是指在旅游过程中实施民族医药传统功效等养生运动，使民众获得健康，满足其幸福感需求的项目。这类项目更注重通过健康养生运动提高游客在旅游过程中的体验感。例如，太极拳等功法、自行车运动休闲、山地运动休闲、滑雪运动休闲等。此类民族医药康养体旅消费需求会推动体育公园、体育小镇、康体综合体、运动休闲基地等的形成，还会推动民族医药康养体旅产业与运动赛事、户外运动、教育培训、餐饮、购物、保健、休闲、娱乐、健康、养生等多种业态的融合发展。

（六）民族医药康养度假养老社区

民族医药康养度假养老社区模式是指以区域内良好的生态环境为基础，通过

[1] 甘棋文 . 广西药用植物园中医药健康旅游开发研究 [D]. 南宁：广西大学 ,2017.

民族医药康养度假养老社区与城市社区的共生模式,实现区域综合发展。民族医药康养度假养老社区的建设不仅要构造留住养生度假的环境,还要使养老社区区别于以往的养老模式,更加注重物质和精神两个层面,通过营造舒适愉悦的生活环境,植入民族医药养生文化,并配备人性化的专业接待系统、智能化的专控服务系统、便捷的特色产品系统,满足老年人的养生度假需求。此类民族医药康养度假养老社区对养老条件、专业技术、设施配置等方面有较高的要求。老年人希望在此类社区获得其良好的人际环境心理以及身体的愉悦。这类开发的典型案例是中国的乌镇雅居乐等,形成了房地产与健康养老、老年教育、体育保健、老年康复相结合的开发模式。

三、民族医药康养旅游的开发实施

随着人口老龄化和公共卫生意识的增强,后疫情时代下,康体养生必须成为旅游消费中最具潜力的类别。传统医药康养旅游以气候、温泉、海滨、山林等天赋资源为基础,加上刻意的包装,创意内容、形象包装同质化现象严重,重“资源”、轻“效益”、难以形成理想的客单价和重游率。今后,民族医药康养旅游的资源开发应力求与科技手段相结合,以良好的顾客体验促进改善游客身心健康的有效功能,以实现民族医药康养旅游的可持续发展。

由于市场定位、产品定位、客群定位的不同,民族医药康养旅游资源的开发将是一个具体的开发过程。一般来说,民族医药康养旅游资源的开发一般应遵循以下程序。

(一)确定开发项目

确定开发项目,就是根据当地民族医药旅游康养资源的特点、旅游市场的需求和地区的经济发展水平,选择要开发的项目,确立未来开发工作的初步思路。

这是民族医药康养旅游资源开发的起点。根据民族医药康养旅游市场的需求趋势、区域旅游资源的特点、地方经济发展水平、区域旅游发展的主要形象等因素，选择资源开发项目。

（二）可行性研究

可行性研究的目的是论证开发建设民族医药康养旅游资源或项目涉及的旅游项目的发展前景、必要性和可行性。分析论证的基础是广泛深入的实地调研、科学客观的旅游资源评估和其他相关因素。可行性研究首先要求对民族医药康养旅游资源的质量、开发利用的条件、开发利用的必要性、建设的可能性和开发利用的前景进行科学的预测和分析；其次，可行性研究应与国家发展战略、部门政策法规、地方总体规划和相关方案相协调；再次，可行性研究还要考虑与土地利用规划的协调等因素。如果可行，则进入下一步。否则，新项目将被重新定义。可行性研究的结论对项目的命运有直接影响。开发民族医药康养旅游资源的可行性研究包括5个主要方面。

1．民族医药康养旅游资源调查与评价

民族医药康养旅游资源调查与评价是一个多学科知识交互运用创新的过程，涉及经典医学理论、行为经济学、景观生态学、系统论、市场营销、旅游者行为学等可能满足民众的健康需求，以实现经济、社会和生态效益的和谐发展，旅游资源的可持续和可持续利用。民族医药康养旅游资源调查和评估的主要内容包括：民族医药康养旅游资源的类型、性质、数量、容量、特点、结构和空间分布。

民族医药康养旅游产业是一个高度依赖资源的产业。开发前对资源的研究和评价，就是要了解民族医药康养旅游资源的丰富程度、质量、数量、优势和劣势。这是一项辩证的工作。一是确定可供民族医药康养旅游的资源质量等级；二是明确民族医药康养旅游的优势资源；三是排定不同民族医药康养旅游资源地的建设顺序，按照“四大价值”与“六大条件”的标准进行分析和旅游开发的整体规划。“四个价值”是指民族医药康养旅游资源的历史价值、观赏价值、科学价值和应用价值。“六大条件 ”是指地理位置和交通条件、景观地域组合条件、景区容量条件、施工条件、客源市场条件和投资条件。

2. 资源地的社会经济环境分析

民族医药康养旅游资源的开发不能脱离当地的社会经济条件,而必须与周边环境相联系。一方面,一个地区的社会经济发展水平和外部环境的优势反映了资源开发的能力、实力和条件;另一方面,开发区的社会经济环境反映了资源开发所提供的保障。当地社会经济发展水平是旅游资源开发的一般条件。没有确定的社会经济基础,就很难进行民族医药康养旅游资源的开发和修复。因此,在项目正式启动之前,应该对资源所处的社会经济环境进行科学的分析预测。对民族医药康养旅游资源所在地的社会经济环境的分析一般包括:当地居民的观念、对旅游开发的态度、当地政府对旅游开发的支持力度、现有的管理政策;预见社会、文化、就业、生态环境容量、游客的心理承受能力以及民族医药康养旅游活动的外部环境。

3. 客源市场分析

民族医药康养旅游资源能否成功开发,关键在于项目开发后能否吸引一定数量的游客。因此,民族医药康养旅游资源开发的关键问题是对客源市场的客观分析。首先,客源市场分析要研究目的地地方的地理环境、与目的地的距离、区域特征、客源地的经济与社会发展情况、每年居民出游率、人均消费、徒步旅行、民族身份、宗教、习俗、消费偏好、医药、参与季节性交通之间的旅游需求因素、人口学特征(如:职业、性别、年龄、教育水平等)等因素,以上内容大部分必须通过实地调研获得,这项工作虽需花费大量时间和精力,但却是非常必要的。其次,要研究市场制约因素(如民族医药康养旅游产品的竞争力、市场竞争状况等)。其次,要对民族医药康养旅游客源市场的游客数量、人均消费和总消费进行预测。

4.环境影响分析

民族医药康养旅游资源的开发不可避免地在其当地环境中产生影响,一方面,因旅游资源开发项目的实施要修建旅游交通设施、游乐设施、游憩设施、通信设施等物化建筑物与构筑物,一定程度上会对资源地的环境产生不可避免的开发性影响;另一方面,当项目开发完成后,陪同游客在旅游区的活动也对旅游目的地的环境产生了影响。因此,有必要在开发前对这些不可避免的影响进行分析,评估其类别、规模、程度和补救措施。

5.投资效益分析

民族医药康养旅游的资源开发是一种经济行为,需要有一定的资源定位经济基础。资源所在地的经济条件分析包括对当地经济现状的分析(如当地 GDP 总量、人均 GDP、人均可支配收入、物价指数、基础设施等),对发展潜力的分析以及对资源开发的经济支撑、保障能力和经济影响的评估。

一般来说,对民族医药康养旅游资源开发的投资消耗较大,风险较高,融资难度较大。高质量的资源项目更容易得到投资者的青睐。在评估投资结果时,固定资本总额的估算使得投资者有必要注意市场分析和对游客的有效预测,如规模、人均消费水平、根据预算投资的资金流动周期的相关信息、旅游收入的总额、投资的折旧期、会计和回报率水平。投资回报率高、投资时间短的发展项目往往被认为是更可持续的项目。虽然经济效益是证明旅游资源开发项目可行性的重要指标,但不是唯一的指标。特别是,民族医药康养旅游项目的开发和建设,不仅仅是为了实现经济效益,而是为了实现经济、社会、环境和人口健康等多种效益的结合。因此,在民族医药康养旅游可行性研究的评价标准上会有一定的差异。

(三)确定开发模式

民族医药康养旅游资源项目开发的可行性研究通过后,就可进入下一个流程，即确定民族医药康养旅游资源的开发目标、优势资源、建立秩序的总体结构，并确定开发到什么程度，到达规模程度和其开发模式。同时，要发现当地民族医药康养旅游的优势，结合市场需求，开发生态体验、度假养生、森林养生、湖泊养生、温泉养生、矿物质养生、田园养生、山地避暑、海岛避寒等不同类型的项目，打造养生旅游和民族医药体系，如休闲药屋、民族医药养生度假区、养生谷、温泉、民族医药主题和特色项目。

（四）实施开发方案

方案的实施阶段是旅游资源开发中的最后流程，即按确定的方案实施开发（图 9-1）。

图 9-1 旅游资源开发流程

第二节 发展广西特色民族医药康养旅游产品

国务院印发的《"健康中国 2030"规划纲要》定下明确目标，到 2030 年健康服务业总规模达 16 万亿。康养产业作为一种新兴服务业，具有巨大发展潜力，康养产业将迎来前所未有的发展契机。康养产业是指与维护健康、修复健康、促进健康相关，直接或间接提供健康相关产品和服务的产业的统称，具有拉动内需增长和保障、改善民生的重要功能，具有广阔的应用前景、巨大的市场潜力和非凡的幸福价值，属于"朝阳产业"。加快发展康养产业，对于深化医药卫生体制改革、提升全民健康素质、转变经济发展方式具有重要意义。当前，众多国家和地区已把康养产业作为战略性新兴产业和新的经济增长点进行重点培育。

民族医药康养旅游类产品结合健康服务的医疗产业，进而形成民族医药康养旅游、旅居产品，其发展受到国家、地区、企业的重视，很多地区将此产品作为旅游、旅居的重要突破口。民族医药健康旅游示范点有民族医药生态旅游点、民族医药人文旅游点、民族医药养生保健旅游点 3 种类型。用民族医药知识教会人们怎么去放松身心，贴近自然，把民族医药融入人们的日常生活，促进民族医药文化和旅游的相互融合。

一、民族医药康养旅游产品概念

旅游产业是综合性产业，在服务大众、促进消费、推进经济结构优化等方面极为重要，成为各地打响品牌、促进内需、平衡城乡二元结构、解决民生问题的重要抓手。

近年来，旅游产业和健康产业融合发展，成为世界各国经济发展的新亮点。民族医药与养生保健在中国就有广阔的市场，随着养生保健理念的兴起，各类养生产品层出不穷。这类产品结合健康服务的医疗产业，形成了民族医药康养旅游、旅居产品，其发展得到了很多地区和企业的高度重视，并将此作为旅游、旅居的重要突破口。

民族医药健康旅游示范点分为民族医药生态旅游点、民族医药人文旅游点、民族医药养生保健旅游点 3 种类型。而民族医药康养旅游产品，则是基于民族医药康养旅游的基础上，相关产业和基地根据自身在各方面的特征、优势，在产品开发上发挥自身的资源优势，以民族医药自然资源、文化内涵、中医药康养保健手段等为主要吸引物而产生的各种预防、治疗疾病、医疗、保健、康复、休闲、养生、美容等产品或服务的统称。面对多样的民族医药康养旅游产品，不同的产品消费者的接受程度不同，选择也存在着差异（表 9–1）。

表 9–1　医疗旅游与康养旅游之间的比较分析

旅游类型	概念界定	产品内容
医疗旅游	以医疗护理、保健和疾病治疗为主	涵盖内科、外科、牙科、整形等医疗服务
康养旅游	通过养身健体、营养膳食、修身养性、关爱环境等各种手段，使人在身体、心智和精神上都达到自然和谐的优良状态	预防、治疗疾病，康复保健

二、特征

（一）文化性

民族医药学作为中华民族科学文化的瑰宝，是打开中华文明宝库的一把钥匙，以多样的实践形式发展民族医药学，是国家意志和民意的统一。民族医药既是文化，又有实际功效，还具有精神价值。民族医药康养旅游的目的是放松身心，它用民族医药知识教会人们怎么去放松身心，贴近自然，把民族医药高深的知识融入人们的日常生活。民族医药康养旅游集民族医药、康养及旅游于一身，使民族医药文化深入日常生活，让民族医药文化能以多样的方式传播和传承。

（二）多样性

多样性主要体现在适应人群、功能以及产品自身的多样性3方面。传统观念认为康养旅游主要针对的是亚健康或老年人群，但实际上康养涵盖所有追求健康生活的人群，不论是对亚健康群体、老人，还是对青年人，康养旅游都能发挥它的作用。康养旅游并非单一的旅游，其产品的表现形式也呈现出多样性，如乡村田园康养旅游产品、民俗文化康养旅游产品、民族医药康养旅游产品等。而民族医药康养旅游产品又可根据不同的功能与适宜人群，设计出类型多样的产品，如养生保健类、美容保健类、观光类，等等。中医药康养旅游可结合不同地方的地域资源、人文景观、气候环境等。

（三）科学性

民族医药康养旅游产品的设计及开发都是以民族医药理论为核心基础，同时，根据不同的资源环境等条件，科学地开发产品。民族医药康养旅游更多的是注重自然，以及调养身心。民族医药康养旅游许多项目都需要专业人员的指导，一些传统的养生功法的实施也需配备专业人员。民族医药康养旅游产品根据不同消费者的特征、需求、动机等，通过了解市场情况，开发有针对性、多样化、多层次的产品，并细分形成产品谱系。

（四）教育性

通过民族医药康养旅游活动，使游客得到有关民族医药的教育以及相关的健康教育，提高自身对民族医药康养旅游与健康的认知水平，更好地了解和体验旅游过程，达到增强体质、预防治疗疾病、康复保健的目的，最终让游客从本质上改变自己的生活方式，提升健康。

三、产品设计

民族医药康养旅游产品众多，体系相较其他的旅游也更为丰富。在产品设计时，需结合多方面的因素，如地域资源、自然环境、自然资源、地域特色、人文景观等。除此类自身属性外，还需要结合市场情况及消费者需求和特征等。总体而言，民族医药康养旅游产品可分为大众产品和专项产品两类，其中大众产品是普适性产品，专项产品是依据相关基地特色建立的产品。

民族医药康养旅游产品，第一，产品关联度高。民族医药康养旅游与衣、食、住、行、医疗等消费行业密切相关。同时，还涉及休闲、文化、金融等诸多行业。《“健康中国 2030”规划纲要》提出，要积极推进健康养老旅游与互联网、健身休闲、食品融合发展，生成新的健康产业、新的业态和新的模式。第二，产品结构复杂。民族医药康养旅游产品已经扩展到医疗服务之外的旅游、体育休闲、养老服务和健康管理，涵盖了第一、第二和第三产业。产业间的融合发展导致了原有产业链的分解，导致了原有产业的重组。第三，产品的体验度高。民族医药养生旅游产品的体验性非常强。人们通过体验式活动接受康养服务，达到养生的目的。考虑到以上的诸多因素，根据产品的功能，民族医药康养旅游产品可大致分为表 9-2 所示几类。

表9-2　民族医药康养旅游产品设计种类介绍

种类（根据功能分类）	项目	
	大众（根据消费者不同年龄阶段、不同性别再细分）	专项（根据消费者不同年龄阶段、不同性别以及相关特色再细分）
养生保健类	推拿、药膳	禅修、芳香理疗
美容保健类	瘦身减肥、美白	祛斑、调理整形
医疗保健类	药浴、拔罐	熏蒸
观光与文化体验类	民族医药植物观赏、民族医药文化节	人文景观、博物馆、民族医药制作流程观赏
购物类	药饮、民族医药生活用品	民族医药工艺品、图片制品
生态康养类	温泉、森林浴	盐疗、沙疗

(一)资源要素设计

1.民族医药养生保健类产品

此类产品主要在民族医药理论体系的指导下,开展推拿、足疗等养生保健服务,从而达到促进旅游者放松身心、提升健康的目的。

2.民族医药医疗保健类产品

此类产品以康养保健为主要目的,开展拔罐、刮痧等服务。

3.民族医药购物类产品

民族医药购物类产品在康养旅游中的主要功能则是可以为游客提供多种多样的民族医药产品及具有当地特色的产品。

(二)文化要素设计

1.文化体验与观光类产品

此类产品依托民族医药自然资源与人文资源的特点与优势,为消费者提供相应的观光与体验活动,使消费者能体验到民族医药文化及相关的知识。

2.民族特色医药类产品

此类产品最大的特色就是可以发挥民族医药的独特性,让游客在体验过程中了解更多的民族文化与特色。

(三)产品要素设计

1.美容保健类产品

此类产品结合自身最大的特点——天然、不良反应小为消费者提供美容保健服务。

2.生态康养类产品

此类产品主要依托于独特的自然资源,结合中医药文化,以调整游客身心、促进健康为目的。

上述产品是根据民族医药康养旅游的功能进行的大致分类，按市场情况及适应人群又可再分为大众服务产品和专项服务产品，其中大众服务产品的特征是普适性较高，而专项产品普适性较低，人群接受度较低，因此，专项产品可再细致地根据相关特色找准着力点进行开发设计。除从上述角度开发设计产品外，还可具体地根据消费者年龄、性别再细致设计更有独特性和针对性的产品。产品的设计和开发需要结合多方面的因素，需具有特色和吸引力，这就需要细致地设计产品路线，厘清产品体系。对于民族医药康养旅游产品而言，各类产品之间并不是完全独立或互相排斥而是有交融之处的。因此，在设计产品时也可根据市场需求和产品各自的特色，设计有特色的中医药康养旅游产品。

四、市场定位

从近年来国际旅游行业的发展现状来看，世界各国在发展的过程中纷纷结合消费者的需求对康养旅游项目进行规划。目前，新加坡、印度、泰国、文莱、古巴、匈牙利、马来西亚和阿拉伯联合酋长国已成为主要的医疗保健目的地，阿根廷、玻利维亚、巴西、哥斯达黎加、墨西哥和土耳其正在打造成以美容医疗为核心的康养旅游目的地。也有部分国家已将康养旅游产业确定为未来旅游产业的核心产业。例如，澳大利亚政府结合澳大利亚康养旅游资源制订了详细的发展规划；墨西哥学术界在研究中也针对墨西哥旅游产业的发展状况立足于实践，提出康养旅游在墨西哥旅游产业中的重要地位[1]。

在我国，很早就有中医传统的康养理念，承接古人养生学源流，汇入西方现代医学的精粹，中国健康管理事业、康养产业逐渐形成。当前我国的康养产业虽有一定规模，但总体而言，康养产业的发展仍处于初期起步阶段，在健康管理现代

[1] 沙莎．医药康养旅游 [M]. 北京：旅游教育出版社，2021.

文化理念、标准评估、维护技术、康养产品、产业模式、管理模式、服务范围上还与国际水准存在一定差距。

伴随我国民众健康理念的转变，使得康养产业的战略重点向保健方向发生转移，政府相继出台政策鼓励健康服务产业从“治病为主”转变为“保健为主”，已从国家层面制定医疗产业计划，推进和实施健康服务产业发展转变的行动。我国相继出台《中医药健康服务发展规划（2015—2020年）》《“健康中国2030”规划纲要》等文件，鼓励康养产业发展。随着人们对自身健康关注的增加，康养产业的发展将备受关注。结合世界健康服务产业发展机遇与中国康养发展的现状、背景、机遇以及对目标客群需求的分析，中医药康养旅游具有广阔的发展前景。

因此在开发和设计产品时，以消费者为核心，结合自身特色、优势和资源尤为重要。中医药康养旅游以“中医药+康养旅游”为最鲜明的特点，相较于普通旅游或其他旅游而言，中医药康养旅游更具特色。

第三节　构建广西民族医药康养旅游融合发展模式

产业融合是一个产业与另一个产业相交的过程。这实质上是价值链的拆解和重建过程。

一、产业融合的发展模式

（一）产业价值链的外延式发展模式

产业价值链的外延式发展是在两个产业浅层次的基础上的融合发展。主要发展的是民族医药企业和文化旅游企业。主要有两种类型：国家医药产业对文化旅游产业价值的开拓性发展和文化旅游产业对国家医药产业价值的开拓性发展。

首先，随着区域民族医药产业的发展，民族医药产业的生产、加工、销售和旅游服务价值链的延伸，特别是药用植物的生产和加工这一环节，向旅游产业的附加值增加，使产业链得到补充，如图 9–2 所示。

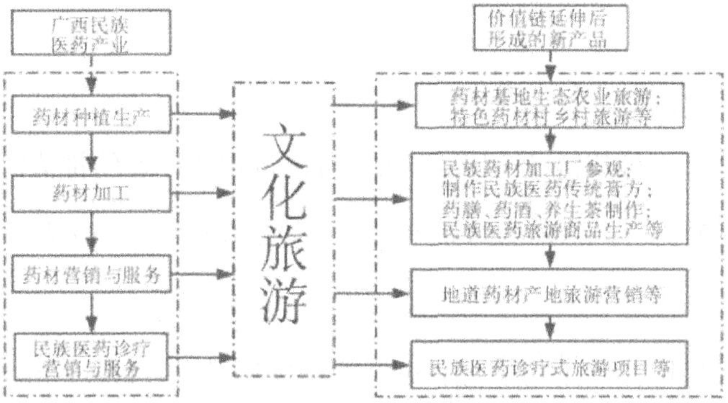

图 9–2　民族医药产业向旅游产业价值链延伸型发展模式[1]

在文化旅游产业发展基础较好的旅游目的地，旅游供应商和旅游中介机构要有意识地把民族医药产业放在丰富旅游产品、满足游客需求的背景下，结合旅游市场的需求，开发因地制宜的新型产品，如表 9–3 所示。

[1] 秦彬，高翔．广西民族医药养生旅游资源开发研究 [J]. 桂林师范高等专科学校学报，2021,35(1):21–29.

表9–3　文化旅游产业向民族医药产业延伸型发展模式

旅游产业价值链环境	旅游产业价值链环节	延伸融合后的新产品类型
旅游供应商（旅游目的地）	旅游景区	民族药材景观、民族药材科普景点、民族药温泉等
	旅游住宿	酒店中的民族草药香熏系统、客房中民族药材用品（民族草药枕头、药皂、药用牙膏等）
	旅游餐饮	药膳、保健药酒、民族草药保健饮品等
	旅游娱乐	民族药材药浴、民族药材泡脚、民族医特色按摩技法等
	旅游购物	民族医药食材、民族医药保健品、民族药用美容产品等
旅游中间商	旅行社、在线旅游服务	民族药材保健、药膳、医药、美容、文化体验等旅游线路设计与营销等
	特殊中间商	民族医药研究会议旅游、民族医药爱好者俱乐部等

（二）产业价值链重组型发展模式

通过提取基本价值链，产业结构调整可以重构新产业的价值链，产生新产品或新商业形态的集群。这样的体系不仅可以使产业向一个方向扩展，还可以增强产业的完整性。

广西的民族医药产业和文化旅游产业的发展是比较好的。医药企业和旅游企业尚能满足游客的需求。如表9–4所示，对广西民族医药产业中的民族药生产、民族药材治疗、营销服务等关键环节和文化旅游产业三部分进行重组，将生产一系列新产品。

表9-4　产业价值链重组型发展模式

产业价值链关键环节	重组形式	新产品主要形式
民族医药种养生产	药材种植生产＋旅游供应商	民族医药材养生度假村
	药材种植生产＋旅游中间商	地道药材种植文化旅游产品
	药材种植生产＋旅游营销与服务商	特色民族医药材生态观光节
民族医药加工	医药材加工＋旅游供应商	民族医药特色餐厅、酒店、购物
	医药材加工＋旅游中间商	民族医药材加工深度体验旅游产品
营销与服务	医药营销与服务＋旅游供应商	民族医疗旅游、民族医药美容旅游
	医药营销与服务＋旅游中间商	民族医药主题旅游线路、博览会
	医药营销与服务＋旅游营销与服务商	民族医药材产地旅游地品牌、特色民族医药养生地旅游地品牌等

二、基于旅游产品生命周期的发展模式

将发展模式与产品生命周期理论联系起来，划分为启动期、成长期、成熟期三个阶段，见图9-3。

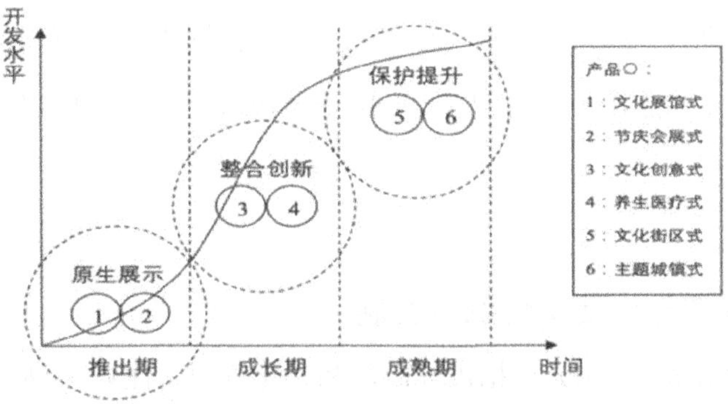

图9-3　广西民族医药康养旅游发展利用周期

在启动期，不应过分注重开发，而应以生态环境为目标。成长期的重点是资源整合、优化、创新和发展。同时，结合文化创意产业，将传说、故事、民歌融入广西传统医疗文化资源，以电影、动画、戏剧、创意商品、主题公园等形式形成现代艺术和产品及文化传播化。在健康状况和消费方面，应该整合现代治疗药物的固化资源。在医疗发展项目的框架下，深入研究具有民族特色的药物文化思想和有效方法、药房、材料、设备和其他方面，达到保养身体、减少疾病、增进健康、延长寿命的效果。

第四节
深化广西民族医药康养旅游融合发展体系建设

《广西“十四五”文化旅游发展规划》提出，打响“长寿广西”品牌，开发长寿村寨游览、长寿文化体验、森林康体养生、温泉度假疗养、壮瑶医药养生、体育休闲健身等健康旅游产品，打造国际领先的长寿健康旅游品牌。深化文化和旅游融合发展，推动“三地两带一中心”升级版建设，打造环广西国家旅游风景道，推进文化产业和旅游业优化升级，形成全域协调、优势互补、联动发展的良好格局[1]。

一、民族医药与广西文化融合发展

结合广西文化特点，充分挖掘民族医药和文化资源的优势，为两者找到了有效的结合点，实现有机结合。利用广西好的生态环境，开发建设高水平的度假区；

[1] 广西壮族自治区人民政府办公厅．广西“十四五”文化和旅游发展规划 [EB/OL].(2022-01-14)[2023-02-26].http://www.gxzf.gov.cn/zfwj/zzqrmzfbgtwj_34828/2022ngzbwj/t11144977.shtml.

在传播广西民族医药文化基础上建立、发展药材种植和生产基地、特色社区、市场、历史建筑和场所的传统中药制作技艺和方法，民间和现代节日、文学艺术作品、传说典故等都是珍贵的旅游资源。在发展过程中，总体规划先行，研究分布旅游领域的医疗要素，建设和发展交通旅游、旅游住宿、旅游和文化活动的配套设施。通过产业整合、产业拓展和旅游产业整合的方式，将国内民族医药产业与生态农业、艺术产业、体育产业、养老产业、药品加工业、服务业以及相关产业进行整合，形成充分的基础和基本竞争力。

二、开发特色化民族医药健康旅游产品

（一）加强市场细分，开发适应不同群体特点的民族医药康养旅游产品

民族医药养生旅游资源开发利用可以结合当地历史传统、历史文化传统制药工艺、现代制药工艺、绿色环保药品。在年龄方面，以老年目标客户群体市场的旅游开发为目标。定期组织老年主题的疗养旅游项目，如节日活动、疗养讲座等，针对老年目标客户群设计旅游产品；针对中青年人群设计如休闲运动、户外活动等；对于女性群体，可以结合女性消费者的行为偏好，推出含有美丽概念的产品，如广西民族医药美容、女性健康美容等。

根据这些特点，应开发和设计民族医药旅游、药用植物和药用饮料旅游相关的试验性产品体验之旅。从年龄上看，中青年是民族医药康养旅游市场的主要消费者，但老年人市场和婴幼儿市场也不容忽视。由于不同年龄段对民族医药康养旅游产品的需求不同，广西民族医药康养旅游市场根据不同年龄段的需求，分类定位设计民族医药康养旅游产品。民族医药康养旅游的主要市场力量是25~44岁的年轻人。这种青壮年旅游人群的特点是具有一定的经济实力，且需求多样化。老年人群体由于年龄的限制，不能进行刺激性活动，所以民族医药健康

旅游产品的需求主要集中在康复和保健旅游方面。随着民族医药康养旅游的普及,老年人群体的旅游消费市场份额将会大幅度增加。

(二)重视需求的多样性,开发多样化的民族医药康养旅游产品

据调查,游客参与民族医药康养旅游的预期效果呈现多样化、灵活化、体验化的特点,主要集中在旅游体验、休闲娱乐、养生康复、心理素质拓展等领域。因此在设计产品时,要注重积极主动,动态配合原则,既要适应游客的需求,又要符合民族医药康养的规律和特点,旅游市场的需求应以游客的实际需求为主导,避免设计出远离游客需求的市场雷区。

(三)基于旅游需求和体验的民族医药康养旅游产品的开发

旅游观光产品是以促进旅游为主要目的的旅游产品,其突出特点是给旅游者以视觉冲击,带来震撼。游客对观光旅游黏性小,与之相反是体验类产品,这一类产品擅长为游客提供参与性和亲历性活动,带来体验化、休闲化、个性化、情感化以及美化的旅游经历[1]。广西可以设计与民族药用植物相关和药妆型实验产品,可以让游客现场观摩药品和饮品的生产,增加个性化产品体验。由于民族药材和观赏旅游产品需要优质资源,在开发这些产品时可以考虑采用自建药用植物园、与相关机构建立合作关系、设计旅游线路等方法,为游客提供体验、药品提炼、饮料制造等体验项目,让游客参与设计专属品牌留做纪念。

(四)基于养生与康复需求的民族医药健康旅游产品的开发

民族医药康养旅游产品以中医"未病养生、欲病施治、防微杜渐,已病早治、防止传变"的理念为基础,在提前预防疾病、强身健体、延年益寿方面发挥其作用。这类产品主要可以调配优势资源,如专业人才、医药资源、生态环境服务,如按摩、武术教学体验等。产品的设计可以结合推拿按摩、医用食品、保健方法、药

[1] 朱海东. 民族医药旅游业发展策略研究[D]. 北京:中国中医科学院,2014.

品和饮料等热门产品。在设计方面，可以推出保健音乐、芳香疗法、冥想等项目。民族医药养生旅游产品不仅是旅游产品，也是可以为前来旅游的游客疗养的保健产品。这种产品的开发是由专业的医生、优质的药材和民族医药康养资源来进行的。民族药浴以民族医药理论为指导，结合相应的药物，选择和混合适当的药材，促进人体的循环，治疗相应的疾病。这些不同类型的产品很容易实现，因为它们在市场上的需求量很大。这些产品可以引入到发展民族医药健康旅游的过程中。此外，养生旅游基地的名医坐诊、按摩、熏蒸疗法等都是对人体有疗效的民族医药养生旅游产品。

（五）开发基于休闲娱乐需求的民族医药健康旅游产品

生态文化旅游资源可用于发展休闲旅游。广西现有的民族医药健康旅游资源适合开发休闲产品。同时，休闲产品的生命周期也比较长。在发展民族医药健康旅游的过程中，可以后期开发此类产品。例如，利用湖泊的资源进行漂流和捕捞、农家乐、采摘业等休闲旅游产品，主题公园就是一个很好的休闲娱乐旅游产品。

（六）根据发展需要开发民族医药健康旅游产品

这类产品在宣传健康理念以及普及民族医药知识和文化起到了一定作用。具体的产品设计包括定期举办民间医药文化节和民间医药展览、民间医药诊疗服务、医药植物鉴定、民族医药历史文化、现代医药设备体验、民族医药文化普及与传承等一系列活动。组织举办民族医药推广工作会议及相关论坛。

三、进一步优化民族医药健康旅游产业发展环境

民族医药健康旅游的发展离不开产业环境的支撑。目前，广西拥有良好的产业环境，为了促进民族医药和康养旅游的发展，政府出台各种优惠政策，吸引产业投资，优化旅游基础设施，扶持当地民族医药企业。今后，广西民族医药康养旅

游将继续加强开放市场的发展环境，优化民族医药和康养旅游产品发展的投资环境；制定规范民族医药旅游市场环境的政策，建立民族医药旅游专营旅行社；支持民族医药康养旅游产业的招商引资和业务发展，简化审批程序。

（一）加强广西民族医药药材产业基地建设

在产业基地建设中，扩大药用植物主产区的资源优势，发展中药材产区建设，确保广西民族医药康养旅游产品的开发和发展的资源保障。加强药用植物主产区建设，培育和引进中药植物，为民族医药康养旅游产品的开发提供优质药材资源。培育中药加工旗舰企业，对重点企业进行资金、技术、人才和政策扶持。积极开发和供应以金银花、丹参等地方药材产品为主的饮料、食品、保健食品等。实现旅游产品的保健化，优化民族医药康养旅游的产业基础。引进知名养生企业，将现有的养生相关企业和新生代医药保健品企业转型为旅游企业，重点加强旅游产品链中的养生旅游医药品牌建设，推广广西特有的医疗卫生、旅游产品，轻工业产品消费体验更高效，促进阳光产业的优化升级、经济发展。

（二）加强创新能力，培养“民族医药＋旅游”的复合型人才

要加强创新能力建设，贯彻广西资源的创新发展理念，引导民族医药新优产品的研发。要丰富民族特色健康旅游医药产品类别，研究开发广西医药健康旅游品牌产品。增强民族医药健康旅游的吸引力。要借助互联网的力量，创新生产销售模式。在人才教育上借鉴院校教育、毕业后教育、继续教育，专业的中医医疗机构与各大中医院校协调做好中医院校教育与毕业后教育的有效衔接，实现在毕业后继续教育；共享医学人才资源的平台，以开放包容的态度吸纳人才；以开放包容的态度吸纳人才，引进其他领域的高端人才从事民族医药健康旅游工作，实现人才发展内外联动[1]；培养涵盖民族医药服务、策划、运营、营销、讲解、文化广告

[1] 纪宝玉，陈随清．基于河南民族医药特色的文化旅游示范基地设计与开发研究［J］．中国医药导报，2014，11(4)：125-128．

等各个方面的综合性人才；从理论、技能、服务等培养民族医药人才，为民族医药健康旅游的发展提供支撑。

四、加大行业协会、相关组织的保障力度

（一）行业协会的协调监督、引领示范

1. 行业协会的协调监督

民族医药康养旅游是民族医药与康养旅游相结合的一种新的旅游模式。在发展初期，整个行业还不规范，需要监督协调机构参与制定民族医药健康旅游的行业标准和发展规划，维护行业内的公平竞争和市场秩序。各地区、各有关部门要支持成立民族医药卫生服务行业协会，通过行政授权、购买服务等方式将适合行业组织的职责委托或移交给行业组织，加强服务监管。发挥行业协会对民族医药保健旅游的协调和监督作用。积极鼓励和支持行业协会、联盟等社会组织参与民族医药健康旅游建设，发挥其在政府和旅游企业之间的纽带和桥梁作用。

2. 行业协会的引领示范作用

行业协会要充分做好政府关于民族医药康养旅游发展的相关政策解读，当好政策“宣传员”。要充分发挥行业协会在行业协商、标准制定、行业自律、人才培养、第三方评价等方面的引领和示范作用，当好行业的“领航者”。

3. 营造良好的营商环境

良好的营商环境是民族医药康养旅游成长和发展的土壤。政府和有关单位要加强舆论引导，营造全社会尊重和保护民族传统医药知识、重视和促进健康的社会氛围。政府出资的民族医药康养旅游标准化项目广告，引导消费市场文化。

大力建设省市区一体化发展和康养旅游示范区，以点带面；不断提高民族医药康养旅游从业人员的专业素质；政府牵头建立国家民族医药康养旅游智库；依法严厉打击非法的民族医药旅游和保健活动。

（二）相关机构的自我造血功能和品牌建设

1. 民族医药康养旅游机构的自我造血功能

在国家政策的支持下，民族医药康养旅游机构也在积极开展自我造血功能的工作。旅游机构不断探索民族医药康养旅游的立体化发展模式，实现多层次产品、多层次管理。旅行社积极探索和开发新的民族医药康养旅游线路和产品，结合民族医药资源的特点，使旅游项目具有文化感和独特的景观。如四川药王谷利用天然中药植物和原始森林组成的特殊环境，打造适合亚健康人群普遍体检和健康调理的度假产品。同时，注重发展保健、养生、体育健身、老年避寒等主题项目，打造全国健康产业龙头。

2. 民族医药康养旅游机构的品牌建设

虽然从总体上看，全国民族医药康养旅游还处于探索和尝试阶段。但是，部分省份已经开始加大对民族医药康养旅游的支持力度，并对发展模式进行了探索。例如，广东率先在全国推出“中医药文化健康旅游”品牌，并评选出广东省首批 19 家中医药文化康养旅游示范基地。海南提出建立国家中医药康复健康旅游示范基地，并正在建设国际科学养生岛。北京的医疗健康旅游，将中医院与景区相结合，成为中国中医药旅游发展的典范。上海拥有中国第一个医疗旅游平台，注入了中医医疗旅游元素。四川是一个拥有大量中医药资源的省份，开创了中医药康养旅游的新模式，并继续成为全球文化和健康养生目的地。广西充分发挥政府主导作用，通过对巴马、东兴、永福等 14 个“中国长寿之乡”的统一协调和管理，最大限度地整合资源，将中医药和民族医药产业与各种旅游配套设施和项目联系起来。

民族医药和旅游产业的深度融合和价值延伸成为必然，可以对生产、加工、销售、服务等环节进行重组，形成新的医疗康养旅游产品系列。根据市场情况，也可以在产品生命周期的不同时期，为特定人群提供差异化的旅游产品。

附 录

广西民族医药康养旅游调查问卷表

尊敬的游客：

您好！为了对广西民族医药康养旅游市场进一步了解，邀请您参与本次问卷调查，本次调查仅用于学术研究，感谢您的填写。（请在方框中打“√”，横线上填写相关内容）

民族医药康养旅游是指旅游者为实现养生健体、康养身心、休闲娱乐等目的，采用一系列民族医药（如壮医、苗医、瑶医）传统技能、民族医药药材、民族医药文化而进行的旅游活动。主要包括民族医药运动康养旅游、民族医药文化康养旅游、民族医药音乐康养旅游、民族医药医疗康养旅游等。

第一部分：广西民族医药康养旅游专项调查

1. 您知道民族医药康养旅游吗。

□不知道 □听说过 □了解

2. 您有没有参加过医疗保健、康复旅游为主题的旅游活动。

□有 □没有

3. 您是否愿意将民族医药康养旅游列到未来的旅游计划。

□ 非常不愿意 □不愿意 □一般 □ 愿意 □非常愿意

4. 您如果参加民族医药康养旅游最优先考虑的要素。

□旅游目的地 □旅途长短 □旅游时间段 □个人身体状况 □其他

5. 您最希望得到关于民族医药康养旅游的信息是(可多选):

□景点介绍 □养生信息 □旅游路线推荐

□旅游信息(如时间、交通、天气等)

6. 您认为单次民族医药健康旅游活动多少天为宜。

□ 1~2 天 □ 3~4 天 □ 5~7 天 □ 8~15 天 □ 16 天及以上

7. 您体验民族医药康养旅游单次愿意花费。

□ 500 元以下 □ 500~1500 元 □ 1501~3000 元 □ 3000 元以上

8. 您感兴趣的民族医药康养旅游活动有(可多选)。

□修身养性泡温泉 □强身健体爬山、逛森林公园 □休憩放松

□修养保健 □医疗机构康复保健 □休闲放松,缓解压力

□民族医药文化体验 □其他

9. 您认为通过民族医药健康旅游可以达到那些效果(可多选)。

□修身养性 □强身健体 □延年益寿 □康复保健 □美容美体

□民族医药文化体验 □休闲放松,缓解压力 □结交朋友

10. 您会选择下列哪类美容美体类产品 / 服务。

□乌发、生发 □减肥瘦身 □美白润肤 □整形(正骨术、徒手整形)

□调理祛痘 □驻颜去皱 □除臭 □其他

11. 您会选择下列哪类医疗保健类产品服务。

□针灸 □拔罐 □推拿按摩 □民族医药体验 □民医问诊 □治未病

□药浴 □熏蒸

12. 您会选择下列哪些观光与文化体验类服务。

□人文景观参观(如博物馆、医馆等)　□民族医药动植物观赏(如动物标本、中草药园)

□医药制作流程参观　□药妆、药饮参观与制作体验　□医药品质鉴定参观体验

13. 您认为哪些以下因素会影响民族医药康养旅游体验(可多选)。

□康复理疗项目　□医护服务水平　□特色医药保健产品　□医药、服务价格

□区位交通条件　□疗养区内及周边环境　□疗养区周边餐饮条件

□住宿条件　□医院资质　□医生水平　□医疗设施

14. 您觉得广西医药康养旅游存在的问题是(可多选)。

□服务质量差　□基础设施差　□项目价格高　□环境差　□危险性大

□专业人才缺乏　□宣传力度不够　□管理不规范

15. 如果您来体验民族医药康养旅游,你愿意选择。

□夫妻、孩子一起　□和朋友一起　□独自一人

□带父母或老人一起　□跟团

16. 以下哪些因素会影响广西民族医药康养旅游体验及其影响程度(本次包含 14 个影响因素,请对每个因素的影响程度进行打分,选择“低影响、较低影响、中等影响、较高影响、高影响”为评价标准,相应得分由 1 分到 5 分)。

自然生态环境(空气、水、阳光)　□1　□2　□3　□4　□5

自然景观与人文景观　□1　□2　□3　□4　□5

所在区域的治安情况　□1　□2　□3　□4　□5

产品与服务配套设施完善性　□1　□2　□3　□4　□5

民族医药文化气息与康养特色　□1　□2　□3　□4　□5

产品与服务的特色性和多样性	□1	□2	□3	□4	□5
产品与服务的价格水平	□1	□2	□3	□4	□5
服务人员的专业水平和服务态度	□1	□2	□3	□4	□5
目的地的品牌与知名度	□1	□2	□3	□4	□5
餐饮设施	□1	□2	□3	□4	□5
住宿条件	□1	□2	□3	□4	□5
目的地及周边交通条件	□1	□2	□3	□4	□5
休闲娱乐设施	□1	□2	□3	□4	□5
购物设施	□1	□2	□3	□4	□5

第二部分：游客个人基本信息

1. 性别：□男 □女

2. 年龄：□ 17 岁及以下 □ 18~25 岁 □ 26~35 岁 □ 36~45 岁
   □ 46 岁及以上

3. 学历：□高中 / 中专及以下 □本科 / 大专 □研究生（硕士 / 博士）

4. 职业：□政党机关公务员 □事业单位人员 □公司职员
   □自由职业者 / 私营业主 □学生 □其他

5. 您的月收入：□ 3000 元及以下 □ 3001~6000 元 □ 6001~10000 元
   □ 10001~20000 元 □ 20001~30000 元 □ 30001 元及以上

6. 您来自 ________（省）________（市）

7. 您如何评价自己目前的身体状况。

□很健康 □健康 □一般 □不健康 □很不健康

8. 您如何评价养生保健的重要性。

□非常重要　□重要　□一般　□不重要　□非常不重要

9. 您如何评价自己对民族医药康养旅游的兴趣。

□非常感兴趣　□感兴趣　□一般　□不感兴趣　□非常不感兴趣

后 记

从2016年《国家康养旅游示范基地标准》到2017年《关于促进健康旅游发展的指导意见》,到党的十九大报告提出的“健康中国”战略,再到国家“十四五”规划明确提出,“把保障人民健康放在优先发展的战略位置”“推动民族医药传承创新,促进中药新药研发保护和产业发展”,康养旅游迎来了发展的新机遇。大力发展康养旅游已然成为新常态下旅游经济的新亮点,其不仅符合人们对健康、幸福的需求,还符合人民对休闲娱乐生活的追求。在健康意识不断增强的时代,人们越来越强调“未病先防”的重要性,同时也刺激了健康产业的发展,如康养旅游、中医药养生等。研究表明,广西少数民族医药的针灸、药浴、传统疗法等在保健、慢性病和康复治疗上具有较好的疗效。那些旨在让旅游者获得身心全面呵护,有效提升民众健康水平的民族医药康养旅游已成为拉动国内消费新的增长点。民族医药康养旅游作为一种新的旅游方式,因其深厚的文化内涵、宜人的环境资源、丰富的养生疗法、较好的疗愈效果等特点备受民众欢迎,发展空间巨大。

本书是广西高校人文社会科学重点研究基地——民族地区文化建设与社会治理研究中心(项目编号: 2023YJJD0010)、广西普通本科高校示范性现代产业学院(项目编号: 2023QXDCY001)、广西高校人文社科重点研究基地重大项目(项目编号: 2018YJJD0001)和玉林师范学院高层次人才项目(项目编号: G2021SK04)的研究成果。从最初的选题到最终成书,感谢玉林师范学院化学与食品科学学院、历史文化旅游学院领导老师的指导和支持。感谢我的硕士导师覃德清老师。感谢我的同学袁建锋给予的无私帮助，在他的支持下，广西壮族医药康养文化这部分内容得以完成。感谢在田野调查中给予许多帮助的贾世朝馆长，廖子渊、云正忠、杜文朝医师，是他们使我更深刻地了解到广西民族医药康养文化。

由于笔者能力和水平有限，拙作中有些材料未及时更新，有些问题尚待深入分析，有些论证还不够全面，书中难免存在不足之处，敬请读者批评指正。

刘里琳

2023年3月